Mathieu Avanzi

est maître de conférences à la Sorbonne et spécialiste des français régionaux.
Il anime le blog « Français de nos régions ».

Parlez-vous (les) FRANÇAIS ?

Atlas des expressions de nos régions

ARMAND COLIN

Direction artistique : Élisabeth Hébert
Conception graphique : Hokus Pokus Créations
Illustrations : www.zoe-illustratrice.com
Cartes : Mathieu Avanzi

© Armand Colin, 2019
Armand Colin est une marque de Dunod Éditeur, 11, rue Paul Bert, 92240 Malakoff
www.armand-colin.com
ISBN 978-2-200-62340-1

Préface

Depuis 2015, je participe à la mise en place d'enquêtes linguistiques visant à documenter la vitalité et l'aire d'extension de particularismes du français que l'on parle d'un bout à l'autre de la francophonie.

Aux internautes qui participent à ces enquêtes, on demande d'indiquer dans un premier temps quelques informations destinées à contextualiser les résultats (année de naissance, sexe, localité dans laquelle ils ont passé la plus grande partie de leur jeunesse, influences linguistiques, etc.). Ces internautes sont ensuite invités à répondre à quelques questions portant sur le vocabulaire (comment appelez-vous tel ou tel objet?, comment dénommez-vous telle ou telle notion?), l'ordre et le choix des mots dans la phrase (quelle tournure de phrase utilisez-vous pour décrire tel ou tel état ou telle ou telle action?) et enfin la prononciation (comment prononcez-vous ce mot-ci ou celui-là?). Pour faciliter le traitement des données, les participants doivent cocher dans une liste de réponses possibles la ou les formes correspondant le mieux à leur usage.

En nous basant sur le pays et code postal de la localité dans laquelle les participants ont indiqué avoir passé la plus grande partie de leur jeunesse, nous calculons le nombre de participants pour chaque arrondissement de France et de Belgique ainsi que de chaque district de Suisse. Nous comptabilisons ensuite le nombre de fois où chaque choix a été sélectionné. Nous établissons le rapport entre le nombre de participants et le nombre de réponses, et obtenons ainsi des pourcentages montrant la vitalité de chacune des variantes pour chaque point de notre réseau.

La francophonie d'Europe (Belgique, France et Suisse; le Grand-Duché du Luxembourg a été laissé de côté, car même si le français y est langue officielle, les réponses en émanant n'étaient pas assez nombreuses) est pour le moment la zone la mieux documentée, avec à ce jour plus d'une dizaine d'enquêtes complétées. Parmi la centaine de cartes que les premières enquêtes ont permis de générer, une sélection a été publiée dans *l'Atlas du français de nos régions* (Armand Colin, 2017). Les résultats des enquêtes qui ont suivi ont permis de mettre au point plusieurs centaines de nouvelles cartes. Nous en publions les meilleures dans ce nouvel opus.

L'ouvrage est organisé en six chapitres, qui couvrent tout autant de domaines conceptuels: le temps qui passe; l'expression des humeurs et des sentiments; les formules et rituels de salutation ou de politesse; l'expression du temps qu'il fait; le champ lexical de la nourriture et de la cuisine; enfin, les expressions qui rythment notre quotidien.

Comme le lecteur pourra le constater à la lecture de ces pages, chaque mot, tournure ou expression dispose d'une aire d'extension qui lui est propre. Il n'est pas facile de rendre compte simplement des raisons de l'existence de telles différences. On sait que l'aire de certains faits s'explique par les dialectes qu'on parlait naguère dans telle ou telle région (*être nareux*, p. 88-89; *s'empierger*, p. 112; *ar'vi pa*, p. 60, etc.). Pour d'autres en revanche, il faut tenir compte de phénomènes liés à la dérégionalisation du territoire (médiatisation, tourisme de masse, etc.) pour comprendre ce qui motive le fait qu'ils soient connus sur de tels espaces (*débarouler dans la peuf*, p. 82-83; *raconter des carabistouilles*, p. 38-39). En ce qui concerne certains faits, il n'y a tout simplement pas d'explication à la portée du linguiste qui permettrait de comprendre d'où provient la variation observée (intensifieurs, p. 36-37; *beugner* et ses variantes, p. 108-111).

Le français régional connaît une dynamique qui lui est propre, et dont il est difficile de saisir avec précision tous les aléas. Aussi, les cartes de cet atlas ne permettent pas de rendre compte du fait que certains tours sont plutôt connus par une catégorie donnée de la population (par exemple les francophones de la génération née avant 1940 contre celle des millénials, nés après les années 2000; les francophones qui sont établis dans des zones rurales plutôt que dans des zones urbaines, etc.). Ceci peut expliquer pourquoi il est possible qu'un lecteur ne connaisse pas certaines expressions apparaissant comme propres à sa région; voire, à l'inverse, qu'il emploie des formes qui semblent inconnues dans sa région.

On trouvera dans cet ouvrage de nombreux exemples de tournures absentes des dictionnaires dudit français « de référence », mais dont l'existence révèle le charme et la richesse d'une langue telle que le français. Au lecteur de se laisser guider par les mots et expressions qui illustrent si bien en quoi le français que l'on parle à Toulouse, à Lille, à Nantes, à Liège ou à Genève n'est pas aussi homogène qu'on le croit.

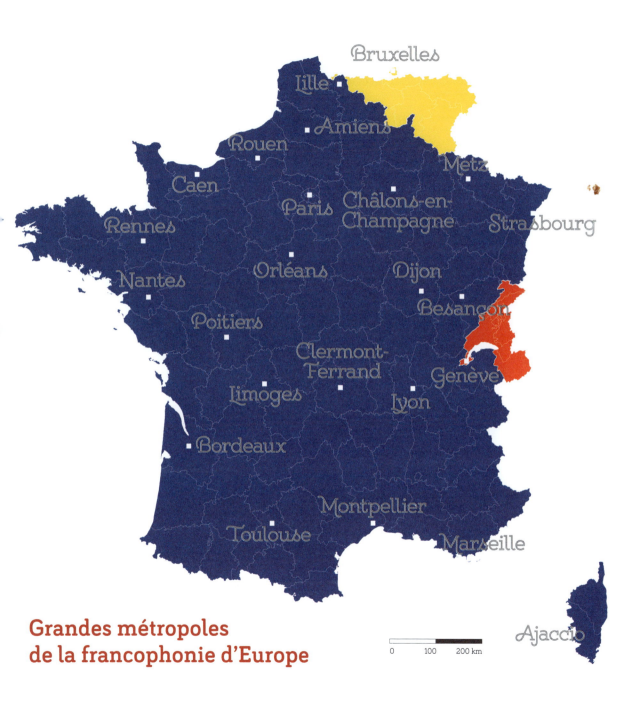

Grandes métropoles de la francophonie d'Europe

Remerciements

Je tiens à remercier les dizaines de milliers d'internautes qui ont participé à nos enquêtes, en particulier tous ceux qui nous ont fait part de leurs propositions et suggestions pour les enquêtes passées et futures. Un grand merci également à tous les fidèles lecteurs du blog « Français de nos Régions » qui nous encouragent à continuer la publication des résultats de ces enquêtes ; de même que les étudiants du cours « Francophonie et variétés des Français » à Sorbonne Université, qui ont travaillé à la mise au point de certaines de ces enquêtes. Il me reste enfin à remercier mon collègue et ami André Thibault. Il a procédé à une minutieuse relecture du manuscrit, et m'a fait part de ses commentaires au cours du long chemin qui a permis d'aboutir à la confection de cet ouvrage. Il va de soi que je reste seul responsable des erreurs qu'il pourrait contenir.

Mathieu Avanzi

Sommaire

En temps et en heure 8

Humeurs et sentiments 26

Politesse oblige 48

La pluie et le beau temps 64

À table ! 84

Notre quotidien 106

En temps et

en heure

C'est quelle heure ?

De nombreuses personnes pensent que dire **c'est quelle heure ?** (ou sa variante **quelle heure c'est ?**) en lieu et place de **il est quelle heure ?** (ou ses variantes **quelle heure il est ?**/**quelle heure est-il** ?) est une « faute » de français. Or, il n'en est rien !

Le fait d'utiliser le pronom **c'** (abréviation de **ce** ou **ça**) comme sujet avec un verbe impersonnel (là où les manuels scolaires préconisent d'utiliser le pronom **il**) est un phénomène qui tend à se généraliser en français, notamment avec les verbes météorologiques – **ça pleut**, **ça fait froid**, **ça cogne**, etc.

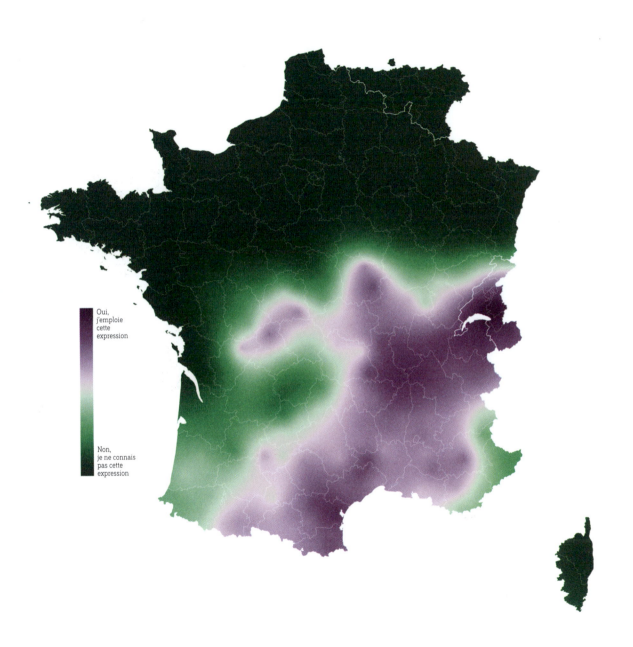

Il est midi

La question que l'on utilise pour demander l'heure n'est pas la seule phrase à varier régionalement. Les formulations que l'on utilise pour exprimer l'heure qu'il est peuvent elles aussi changer d'un bout à l'autre de la francophonie d'Europe.

Les dictionnaires recommandent d'utiliser la conjonction de coordination **et** pour relier les premier et second morceaux d'une expression temporelle lorsque le second morceau exprime une durée de **quinze minutes** (*il est midi et quart*), alors qu'ils préconisent de se passer de ce mot lorsque le second morceau renvoie à un laps de temps de **vingt** minutes (*il est midi vingt*). L'existence de ce genre d'asymétrie permet de comprendre l'origine des formes **midi quart** et **midi et vingt**, qui de ce point de vue, apparaissent comme logiques.

il est (midi) et vingt

Vous regardez votre montre, il est **12 h 20**. Dans la région où l'on pose la question *c'est quelle heure* (voir pages 10 et 11), ne soyez pas surpris si l'on vous répond qu'**il est** (ou que **c'est**) **midi et vingt**, voire tout simplement **et vingt**.

quart

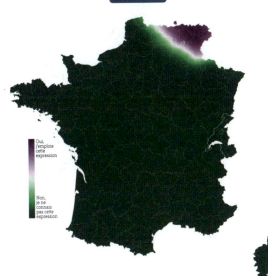

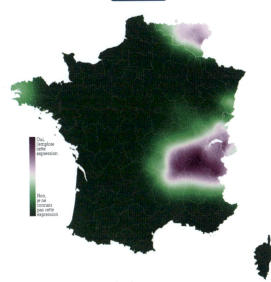

il est (midi) quart

Cinq minutes plus tôt, on vous aurait dit en Belgique qu'il était **midi quart**.

il est (midi) moins quart

Sur une aire plus restreinte qui correspond à la Suisse et l'ex-région Rhône-Alpes, de même qu'en Belgique, on vous aurait répondu **35 minutes plus tôt** qu'il est **midi moins quart** (sans prononcer l'article *le*).

Le temps de

Si vous devez faire quelque chose pendant la période de la pause-déjeuner (ou de la pause-dîner, selon la région où vous vous situez), les dictionnaires vous diront que ce laps de temps correspond à l'**entre-midi et deux** ou à l'**entre-midi et 14 heures**.

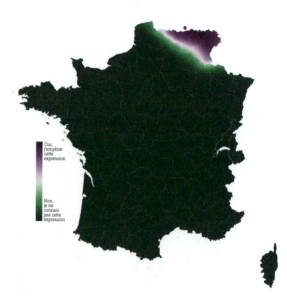

le temps de midi

En Belgique, ne soyez pas étonné si on vous propose de vous voir **sur le temps de midi**, ou **pendant le temps de midi**. Il existe également dans cette région la variante **heure de midi** !

midi

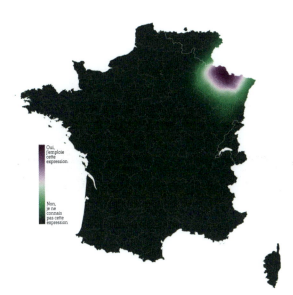 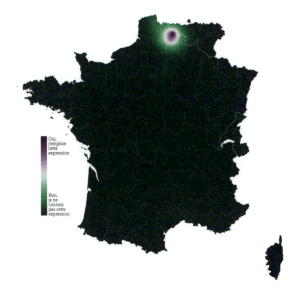

entre midi

De l'autre côté de la frontière, en Moselle, c'est la variante **entre midi** (*on va faire les courses entre midi*) qui est préférentiellement utilisée.

entre les midis

Plus localement encore, certains locuteurs du français établis dans la région de Valenciennes (département du Nord), utilisent l'expression **entre les midis** pour désigner cette période de la journée.

Rentrer à point d'heure

Si l'on est rentré tard dans la nuit, on dira que l'on est rentré **à pas d'heure**. Mais dans le Centre-Est de la France, de même qu'en Suisse romande, vous aurez plus de chances d'entendre la variante **à point d'heure**. Auparavant, les deux locutions étaient utilisées à des fréquences comparables. À partir de la seconde moitié du XVIIIe siècle, la forme **à pas d'heure** prend le dessus. La forme avec **point** se fait alors plus rare, et se régionalise.

Le français contemporain utilise essentiellement l'adverbe **pas** pour former la négation (*il ne mange pas*). Il y a quelques siècles, les possibilités étaient plus vastes, et l'on pouvait nier des verbes au moyen de marqueurs tels que **mie**, **goutte**, **mot**, **point** et **pièce**. À l'origine, ces mots étaient des substantifs qui désignaient de petites quantités, on les employait pour renforcer la négation avec **ne** :

    ne manger mie : « ne pas manger une miette »
    ne boire goutte : « ne pas boire une goutte »
    ne dire mot : « ne pas dire un mot »
    ne coudre point : « ne pas coudre un point »

Dans le département du Calvados en Basse-Normandie, on pouvait naguère entendre la variante **à pièce d'heure**. Aujourd'hui sortie de l'usage, elle est encore connue par certains locuteurs âgés. Quant à la négation avec *pièce*, elle était surtout vivace dans les dialectes de Normandie et la variété de français de cette région. Elle survit également dans les créoles antillais (langues ayant pour base le français des colons du XVIIe siècle).

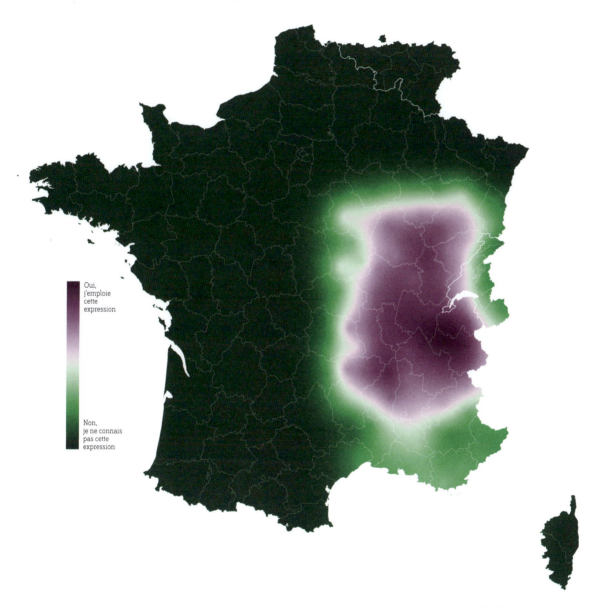

Astheure

Le mot **astheure** résulte de l'**univerbation** de la locution « à cette heure », qui signifie « maintenant », « à présent ». On retrouve également l'orthographe **asteure**, ou encore **astheur**. Si l'aire d'extension de l'expression est aujourd'hui restreinte aux régions les plus périphériques de la francophonie d'Europe septentrionale, elle était relativement courante sous la plume de grands écrivains, et ce jusqu'au début du XXe siècle.

Univerbation
Processus par lequel une expression figée est condensée en un mot simple. Ainsi **bonjour** s'écrivait auparavant en deux mots : **bon jour**.

Aujourd'hui, l'adverbe **astheure** s'entend surtout dans la bouche de locuteurs établis dans la partie septentrionale de la France et en Belgique. Il est également très fréquent dans les provinces francophones du Canada, de même qu'en Louisiane !

Oui, j'emploie cette expression

Non, je ne connais pas cette expression

À tantôt !

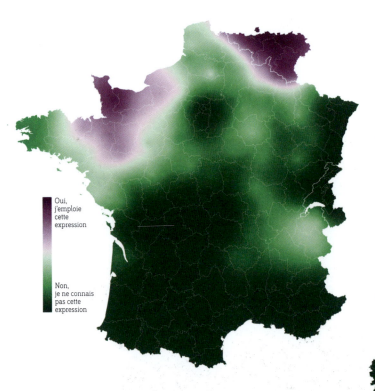

Oui, j'emploie cette expression

Non, je ne connais pas cette expression

Dans les régions de la périphérie septentrionale de la francophonie d'Europe, l'adverbe **tantôt**, employé dans l'expression **à tantôt**, jouit d'une vitalité relativement élevée. Il signifie « à plus tard », « à tout à l'heure ».

 D'après les dictionnaires, l'adverbe **tantôt** est synonyme de « bientôt », « prochainement », « dans un futur proche ». Mais son usage est vieillissant.

Ce tantôt !

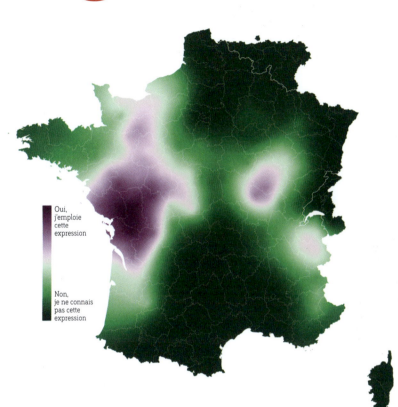

Dans l'expression **ce tantôt**, **tantôt** est employé comme substantif, il est synonyme de « après-midi ». Il est intéressant de constater que l'utilisation de **tantôt** dans ce sens n'occupe pas la même aire géographique que **à tantôt**. Il est principalement usité dans l'Ouest de la France, ainsi qu'en Savoie et en Bourgogne.

Prendre 20 ans

Pour la majorité des francophones, quand on fête son anniversaire, on **a** une année de plus. Ainsi, dans la plupart de nos régions, **on a eu 20 ans** en l'an 2001 si l'on est né en 1981. Cependant, certains locuteurs utilisent également les verbes **faire**, **recevoir** et **prendre** pour faire état d'un changement d'âge. Alors que ces verbes servent traditionnellement à exprimer une action ponctuelle et des événements limités dans le temps, les utiliser pour dire l'âge permet de marquer des nuances de sens que le français standard ne permet pas.

faire 20 ans

Dans le Sud-Ouest de la France, on n'**a** pas 20 ans mais on **fait** 20 ans.

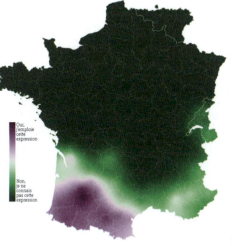

recevoir 20 ans

En Moselle et dans le Bas-Rhin, on **reçoit** 20 ans.

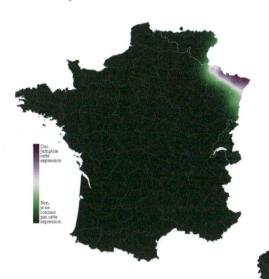

prendre 20 ans

Et en Normandie comme dans la région de Nantes, on **prend** 20 ans !

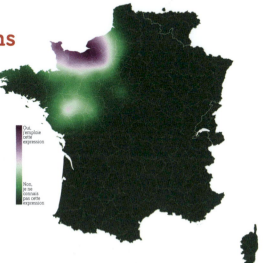

EN TEMPS ET EN HEURE

Ça se connaît

Souvent attribuée au parler savoyard, l'expression **ça se connaît** jouit d'une vitalité sur une aire beaucoup plus large, dont le centre est la ville de Clermont-Ferrand. L'expression est employée pour signifier qu'on a remarqué la différence entre un état actuel et un état antérieur :
Tu as fait des travaux dans ta maison ?
Ah ben ça se connaît !
C'est beaucoup plus joli comme ça !

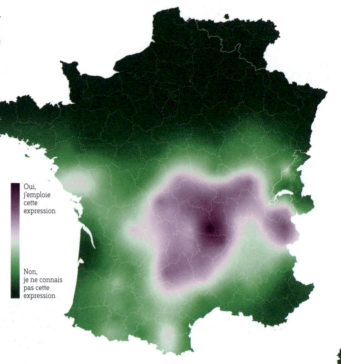

Passé un temps...

L'expression **passé un temps** s'emploie traditionnellement au début d'une phrase, pour exprimer une action révolue dans le passé. *Passé un temps, il y avait une gare et un bistrot dans ce petit village, aujourd'hui il n'y a plus rien du tout.* En ce sens, l'expression est synonyme de « (il) fut un temps », dont l'usage est surtout littéraire.

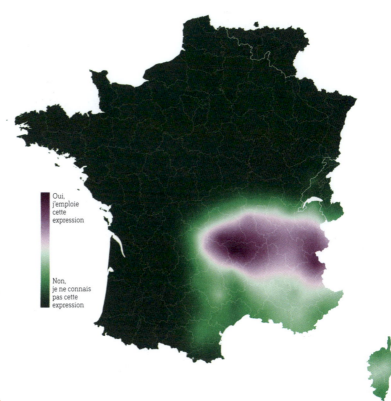

Humeurs et

sentiments

Amitieux

On se sert de l'adjectif **amitieux, -euse** pour désigner une personne ou un animal de compagnie « qui se montre aimable, affectueux », ou qui est « apte à se faire des amis » :
Mon chat c'est le plus beau, le plus doux, le plus amitieux.
Quel plaisir de rencontrer des gens amitieux !
Le mot **amitieux** a été formé sur le mot **amitié** (on a ajouté la terminaison *-eux* à la base *amiti-*). Il se prononce donc avec un [t] audible comme dans *Mathieu* et non un [s] comme dans *superstitieux*. On rencontre également la variante **amiteux**.

Le mot fait partie de la sélection des régionalismes entrés dans l'édition 2020 du *Petit Robert de la langue française* !

Sur le plan historique, le mot **amitieux** était plus courant et plus répandu sur le territoire il y a quelques décennies qu'il ne l'est aujourd'hui. Aujourd'hui, la vitalité de ce mot reste stable en Belgique et dans les Ardennes françaises ; en Normandie, son usage décline.

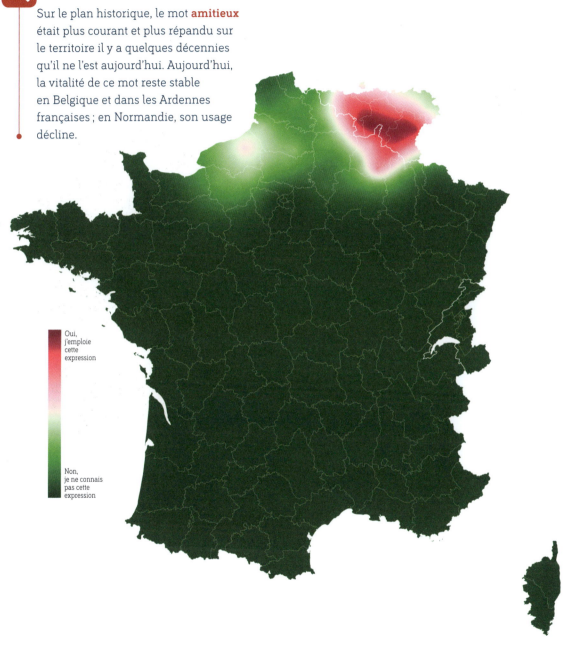

HUMEURS ET SENTIMENTS

Avoir la ronfle

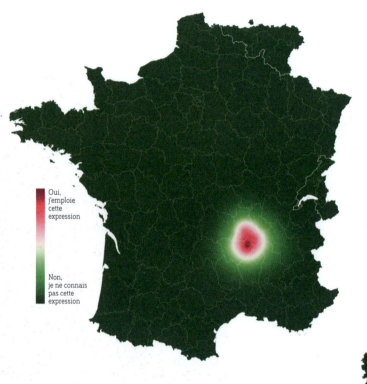

Typique du français de la région de Lyon, l'expression **avoir la ronfle** s'emploie pour parler de quelqu'un de pénible, qui grogne ou qui rouspète sans cesse : *Qu'est-ce qu'elle est désagréable ! Elle a sans arrêt la ronfle !*

La ressemblance entre le bruit que provoquent des ronflements et celui que l'on fait lorsqu'on bougonne est sans doute à l'origine de cette expression.

Faire la pote
Avoir l'œuf

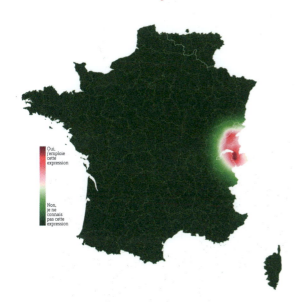 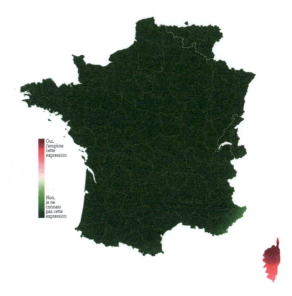

faire la pote

En Suisse romande, **faire la pote** signifie « faire la moue, bouder ». *Fais pas la pote, c'est pas la fin du monde !* Dans cette expression, le mot **pote** désigne une lèvre grosse et enflée. En français, l'adjectif **pote** est aujourd'hui vieilli, mais il s'utilisait naguère pour désigner une main grosse et enflée.

avoir l'œuf

En Corse (et sporadiquement dans le Sud-Est de la France), **avoir l'œuf** est synonyme de « bouder, faire la tête ». Le mot **œuf** entre dans plusieurs expressions en français, notamment dans la tournure **faire l'œuf** (« faire l'imbécile »).

HUMEURS ET SENTIMENTS

Ça (me) daille

Dans le Sud-Ouest, l'expression **ça daille** est synonyme de « ça craint » : *Je suis en retard, ça daille !* On trouve aussi le verbe **dailler** employé dans des phrases comme **ça me daille !**, qui correspond au français standard « ça m'embête » : *Ça me daille qu'il fasse mauvais le jour de mon anniversaire.*

On reconnaît dans les expressions **ça daille** ou **ça me daille** le verbe **dailler**, qui signifie « faucher ». Le substantif **dail** (ou **daille**) désigne un instrument tranchant dont on se servait autrefois pour couper de l'herbe, et qui ressemble à une faux.

Ça m'enfade

Quant à l'expression **ça m'enfade**, typique de la région de Perpignan, elle signifie *grosso modo* la même chose que **ça me daille**. Elle est équivalente au français standard « ça m'ennuie, ça m'embête ».

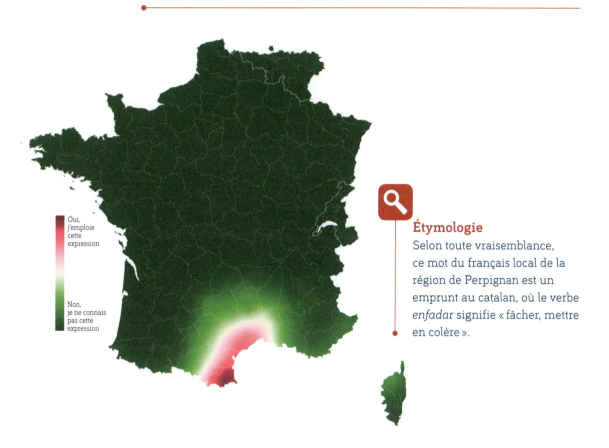

Étymologie
Selon toute vraisemblance, ce mot du français local de la région de Perpignan est un emprunt au catalan, où le verbe *enfadar* signifie « fâcher, mettre en colère ».

HUMEURS ET SENTIMENTS

Ferme ta

Ferme ta schness !, dit-on dans le Nord-Est de l'Hexagone, soit « ferme ta gueule ! » en français standard (ou dans le langage enfantin, « ferme ta boîte ! »). Dans les parlers ancestraux de Moselle, le mot *schnéss* (ou *schniss*) désigne la bouche, la gueule, le visage (à rapprocher de l'allemand *Schnauze*, « museau »).

Comme beaucoup de régionalismes du Nord-Est qui commencent par les lettres *sch-* (**schneck** : « escargot », **schlass** : « couteau », **schnaps** : « eau-de-vie », **schluk** : « gorgée », **schmoutz** : « bisou(s) », **schness** est passé en français par l'intermédiaire des dialectes germaniques.

schness !

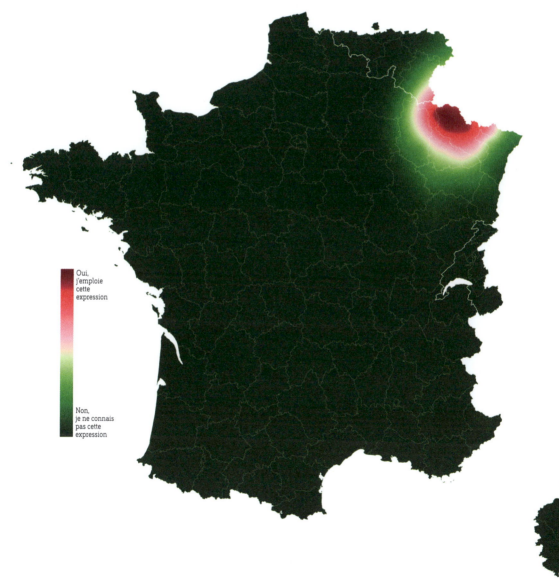

HUMEURS ET SENTIMENTS

Très, trop,

En linguistique, le terme « intensifieur » est employé pour désigner des adverbes qui ne changent pas fondamentalement le sens d'une phrase, mais qui servent à renforcer et/ou à ajouter une valeur de degré supérieure au mot qu'il modifie. En français standard, l'adverbe **très** est l'intensifieur prototypique (*ce téléphone, il est* **très** *cher*), même s'il tend aujourd'hui à être remplacé par les formes **trop** ou **grave**, notamment dans la bouche des plus jeunes : *ce téléphone, il est* ***trop/grave*** *cher*. Sous la plume de certains auteurs, comme dans la bouche de nombreux locuteurs, **très**, **trop** et **grave** coexistent avec des adverbes plus longs (**vachement**, **énormément**, **cruellement**, etc.).

Si vous faites du tourisme en France et que vous voulez passer pour un habitant du coin, il vous suffira de remplacer le mot **très** par l'une des tournures en usage dans la région. En Bretagne, il faudra dire que *ce téléphone est* ***vlà*** *cher*, alors qu'à Montpellier *il est* ***taille de*** *cher*. À Lyon, même si ça vous semble bizarre, *ce téléphone est* ***cher*** *cher*, et en Corse *il est* ***toc de*** *cher*. On vous laisse tester !

grave !

HUMEURS ET SENTIMENTS

Raconter des carabistouilles

Le 12 avril 2018, Emmanuel Macron, invité sur le plateau de Jean-Pierre Pernaut « pour répondre aux questions que les Français se posent », a clamé haut et fort « [qu'] il ne faut pas raconter de **carabistouilles** à nos concitoyens », provoquant un tollé sur les réseaux sociaux !

Le mot **carabistouille** s'emploie surtout au pluriel, notamment dans l'expression **raconter des carabistouilles**, où il est synonyme de « sornettes, balivernes, bobards ». Dans les dictionnaires du français de référence comme dans les dictionnaires consacrés aux français régionaux, **carabistouille** est signalé comme un particularisme linguistique emblématique des régions du Nord-Pas-de-Calais et de Wallonie.

Bien implanté dans le Nord-Pas-de-Calais et en Wallonie, le mot **carabistouille** est loin d'être inconnu dans le reste de la France. Toutefois, il est difficile de dire précisément à quelle période le mot a commencé à se dérégionaliser, ni quel en a été le déclencheur. Ce phénomène est récent et date du début des années 2000.

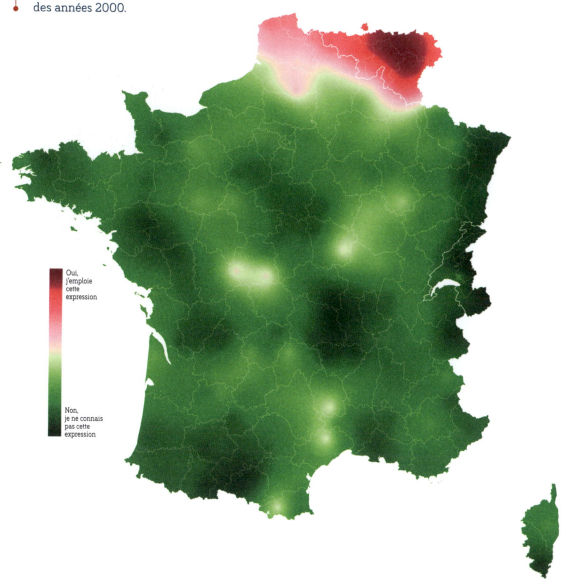

HUMEURS ET SENTIMENTS

Décoconer

Décoconer (ou sa variante **décoconner**) signifie « déraisonner, parler à tort et à travers » :
Hé, toi, arrête de décoconer, veux-tu ?

Étymologie
Le verbe désigne l'activité de détacher de leur support les cocons de vers à soie. Certains auteurs ont fait l'hypothèse que **décoconer** aurait pris le sens de « parler à tort et à travers » sous l'influence du français **déconner**. On remarque d'ailleurs que le verbe **décoconer** est surtout employé dans le quart sud-est de la France, dans les régions où l'on élève des vers à soie.

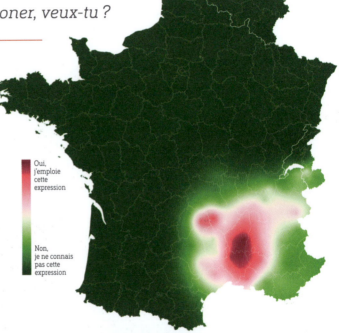

Faire le calu

Dans le Sud-Est de la France, **faire le calu**, c'est « faire le fou ». L'expression est construite à partir de l'adjectif **calu**, qui sert à désigner une personne (souvent un homme) qui agit de façon stupide, téméraire, voire excessive. *Si on fait le calu, ça finit rarement bien!*

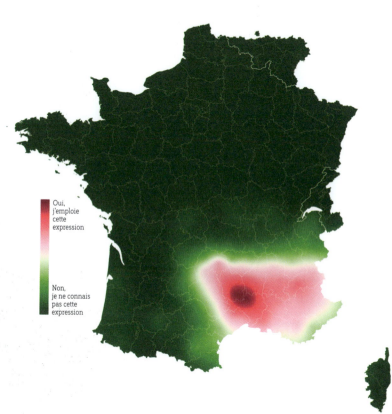

Étymologie
Calu est un emprunt à l'occitan, et s'employait déjà dans cette langue avec le sens d'« imbécile ».

Le mot a connu des variantes graphiques (**caluc**, **calud**), et on le trouve sous les formes **caluque** et **calude** lorsque l'adjectif s'applique à un substantif féminin. Aujourd'hui, ces variantes sont très rares.

HUMEURS ET SENTIMENTS

Décevoir en bien

Oxymore
Terme de rhétorique pour désigner la combinaison dans une même phrase de deux mots exprimant des notions contradictoires (« hâtez-vous lentement », Boileau ; « de jeunes vieillards », Molière).

L'expression **décevoir en bien** est un **oxymore** emblématique du français que l'on parle en Suisse romande, notamment dans le canton de Vaud. Elle s'emploie pour dire qu'on a été agréablement surpris.
Si vous n'êtes jamais allé à Chicago, allez-y, c'est une ville magnifique. J'ai été déçu en bien !
On trouve parfois aussi l'expression **surprendre en bien**, mais celle-ci est beaucoup plus rare.

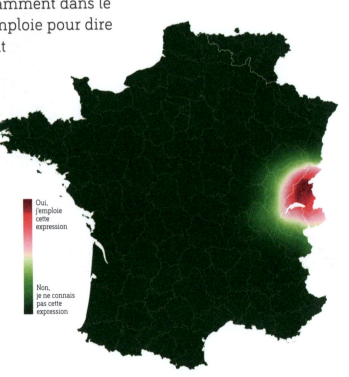

Oui, j'emploie cette expression

Non, je ne connais pas cette expression

Ça m'espante

Le verbe **espanter** est typique de la partie centre-occidentale du Midi de la France. Il est difficile de donner un équivalent précis de ce mot en français standard, tant il est polysémique. Disons qu'il recouvre le sens des verbes « épater », « étonner », « surprendre », « stupéfier », voire « époustoufler ». Il s'emploie surtout dans les expressions **ça m'espante** et **tu m'espantes** :
Tu as eu ton permis de conduire ? ça m'espante !
Tu es allé à Toulouse et tu n'as pas visité la basilique Saint-Sernin ? Alors là tu m'espantes !

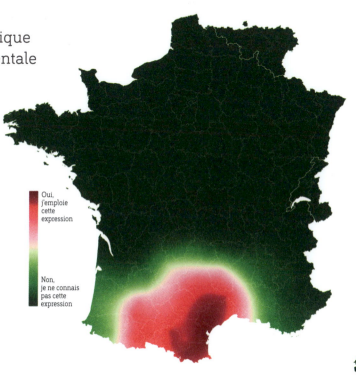

HUMEURS ET SENTIMENTS

Avoir la cagne

Avoir la cagne, c'est « avoir la flemme » dans le français que l'on parle dans le Sud-Ouest de la France :
Avec cette chaleur, tondre la pelouse ? Laisse tomber, j'ai la cagne !

Étymologie
Le mot **cagne** fait partie de la même famille que **cagnard**, un mot qui désigne un emplacement exposé en plein soleil, et, par extension, un soleil particulièrement ardent, une forte chaleur.

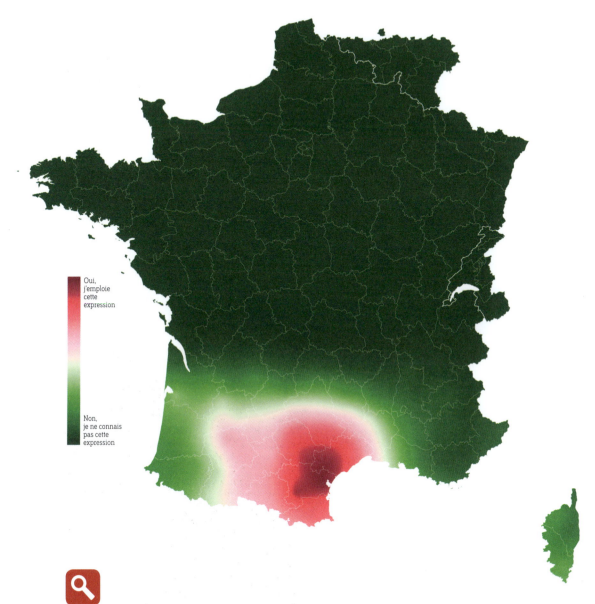

Vers la fin du XIXe siècle, le mot **cagne** avait pénétré l'argot parisien et le français populaire de nombreuses régions de province. Aujourd'hui, il survit surtout dans le Sud-Ouest de la France.

HUMEURS ET SENTIMENTS

Avoir la latche

L'expression **avoir la latche** signifie « avoir la honte ». À *Lyon, on ne dit pas avoir honte, on dit avoir la latche. On s'en fout d'avoir la latche ou pas !*

🔍 Le mot **latche** est un emprunt au romani (langue du peuple rom) qui signifie « honte ». À la fin des années 1970, l'argot français a beaucoup emprunté au romani (*cf.* la série des mots en *-ave*, par exemple : **bicrave** : *vendre, voler* ; **bouillave** : *copuler, frapper, violer* ; **poucave** : *délateur* ; **marave** : *taper*, etc.). Certains de ces mots sont encore connus des jeunes d'aujourd'hui mais de nombreux autres (c'est notamment le cas de **latche** dans l'expression **avoir la latche** ou **c'te latche**) ne sont ni usités ni connus par les millénials.

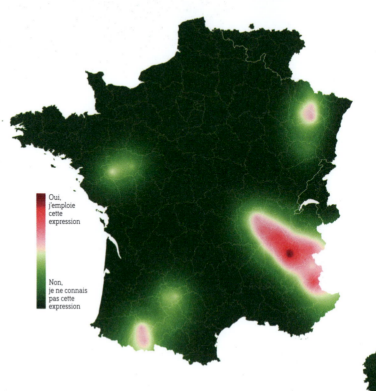

Avoir la ouelle

Avoir la ouelle est le synonyme exact de **avoir la latche**, qui équivaut au français standard « avoir la honte ». L'expression est typique de l'extrême sud-ouest de la France, bien que l'on puisse l'entendre dans le Sud de la Basse-Bretagne. Une telle configuration suggère que l'expression a dû être autrefois connue sur un territoire plus large à l'ouest de la France.

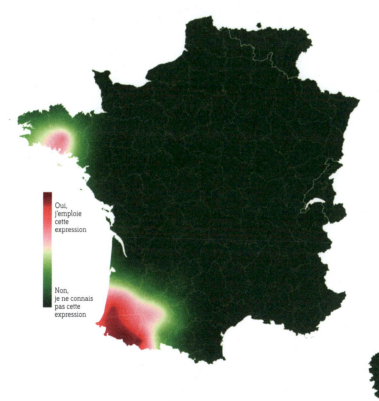

HUMEURS ET SENTIMENTS

Politesse

oblige

Adieu !

Au Moyen Âge, dans la partie septentrionale de la France, **adieu** était la formule utilisée pour prendre congé de quelqu'un, lui dire **au revoir**. Depuis le XIXe siècle, le mot tend à ne plus recouvrir les mêmes usages, il est désormais surtout utilisé pour signaler une séparation définitive ou solennelle (*j'ai dit adieu à mon ex*). Toutefois, dans la partie méridionale de la France, de même que dans les territoires où l'on parlait naguère le francoprovençal (ex-région Rhône-Alpes, Suisse romande), **adieu** s'emploie le plus souvent pour saluer quelqu'un que l'on aborde ou que l'on croise, et avec qui on est familier. *Adieu, comment tu vas ?*

Pour comprendre l'origine de cet emploi singulier, il faut expliquer que dans les parlers provençaux et francoprovençaux, les formes locales (*adiu, adi, adyo*, etc.) servaient non seulement à saluer quelqu'un que l'on quitte mais aussi que l'on aborde. Par la suite, ces interjections ont été traduites par la forme correspondante française (**adieu**) mais leurs emplois premiers en patois ont perduré en français régional.

Étymologie

L'interjection **adieu** résulte d'une forme raccourcie de la phrase, plus explicite, *je vous recommande à Dieu*.

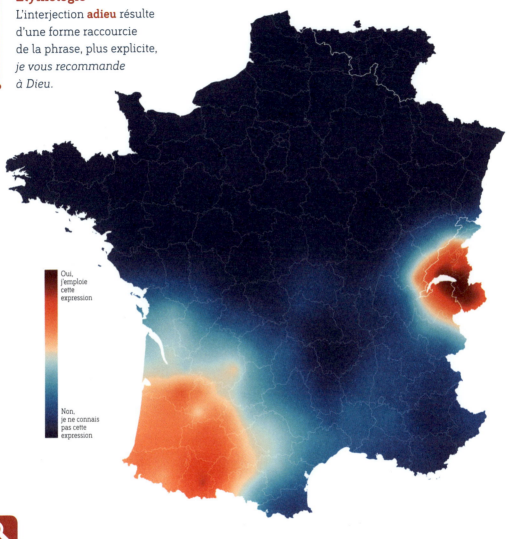

Oui, j'emploie cette expression

Non, je ne connais pas cette expression

On peut voir sur la carte que la partie orientale du territoire est séparée de la partie occidentale par la vallée du Rhône. Cette séparation laisse penser que les deux aires étaient autrefois connectées, et donc que l'on assiste actuellement à un changement linguistique : la disparition d'**adieu** pour dire bonjour dans le Sud-Est de la France.

Faire un gâté

Le substantif **gâté**, synonyme de « câlin », employé dans l'expression **faire un gâté** (**à quelqu'un**), est souvent cité comme un particularisme du français du Midi de la France. Toutefois, le mot jouit d'une aire géographique plus complexe, puisqu'on le retrouve dans le Nord-Est de la francophonie d'Europe.

Étymologie

Le fait que le mot existe en dehors de l'aire provençale laisse penser que son origine n'est pas nécessairement occitane. Le sens positif du verbe **gâter** en français de référence étant « combler d'attention », il est certainement à l'origine du sens régional « faire un câlin ».

De nombreux internautes du Nord de la francophonie d'Europe ont signalé qu'ils utilisaient le mot au féminin : *Regardez ce chat faire une gâtée à son maître !*

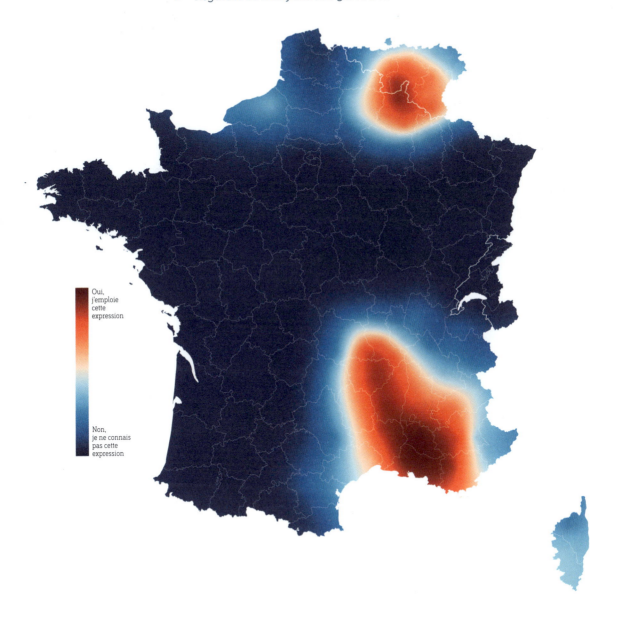

POLITESSE OBLIGE

Faire un

La plupart des verbes et locutions que l'on retrouve sur cette carte appartiennent à la même famille que le mot du français contemporain **bise** (dont **bisou** est un dérivé). Le verbe **biser** est aujourd'hui sorti de l'usage conversationnel, mais on le retrouve sous la plume de nombreux auteurs du début du XXe siècle, et il figure encore dans certains dictionnaires. Il est toujours employé dans le Centre-Ouest de la France, où il coexiste avec la variante **biger**. En Belgique, **faire une baise** (**à quelqu'un**) n'a rien de sexuel : le mot **baise** correspond au substantif *baiser* (que l'on retrouve dans le mot *baisemain*). La variante **baisse** que l'on retrouve dans une partie de la Picardie est elle aussi à mettre en relation avec la forme locale que prend le mot **baiser** dans les dialectes de cette région. Le verbe **se boujouter**, typique de la Normandie, est construit sur le mot *boujou*, qui est la forme dialectale du français **bonjour** dans cette région. En Suisse romande, le mot **bec** que l'on retrouve dans l'expression **se faire un bec** est un mot formé à partir du verbe **becquer**, qui a encore cours en français, et qui signifiait à la base « donner des coups de becs, prendre par le bec ». On peut rapprocher **bec** de son équivalent du français familier *bécot* (qui a aussi donné le verbe *bécotter* « se faire des bisous, s'embrasser amoureusement »). Quant au mot **schmutz** (ou **schmoutz**) que l'on retrouve dans la tournure **se faire un schmutz**, il est d'origine allemande et signifie « bisou ». Il est exclusivement utilisé dans les départements de France où l'on parlait encore très majoritairement au début du XXe siècle des dialectes germaniques.

schmutz

POLITESSE OBLIGE

Combien de bises ?

Les hypothèses sur les origines de la bise sont nombreuses et souvent invérifiables. S'agit-il de la ritualisation de comportements ancestraux (comme se renifler pour se reconnaître ou reproduire une expression affective liée à l'enfance) ? Sur ce point, les historiens, anthropologues et autres spécialistes des comportements humains ne sont pas parvenus à un consensus.

Dans la francophonie d'Europe, le **nombre de bises** – comme la façon d'appeler ce rituel – dépend également de l'endroit où vous êtes établis. En Belgique comme dans le Nord du Finistère, la tradition veut que vous ne fassiez qu'**une seule bise**. En Suisse romande comme dans une bonne partie du quart sud-est de l'Hexagone, c'est **trois bises** ! Dans le reste de l'Hexagone, on fait majoritairement **deux bises**. Faire **quatre bises** était relativement courant dans les départements de la partie septentrionale au nord de la Loire, mais c'est aujourd'hui une habitude qui se perd.

Quelle joue tendez-vous ?

Quant à la **joue qu'on tend en premier lorsque l'on fait la bise**, on ne sait comment expliquer la répartition que dessine la carte, où s'opposent *grosso modo* une zone Sud/Grand-Est en France (on tend la **joue gauche en premier**) à une zone qui englobe le reste de la France et la Wallonie (on tend la **joue droite en premier**). Dans ce paysage, la Haute-Normandie et la Suisse romande font bande à part.

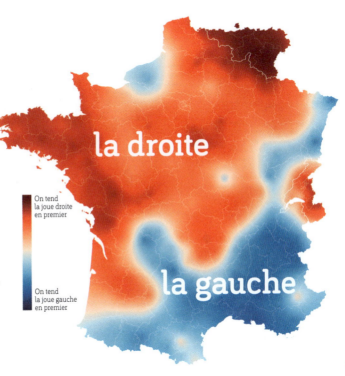

Beaucoup d'Anglo-Saxons croient, à tort, que le fait de faire la bise est une habitude typiquement française. On se fait aussi la bise dans les pays d'Europe du Sud, jusqu'en Russie, et dans certains pays arabes et d'Afrique subsaharienne.

POLITESSE OBLIGE

Ça joue ?

Dans le français que l'on parle en Suisse romande, la tournure impersonnelle **ça joue** est très fréquente, mais aussi polysémique. On s'en sert :

- tantôt pour signifier que quelque chose fonctionne : *T'as changé le joint du robinet, maintenant ça joue ?*,
- tantôt pour parler du résultat d'un problème lié à un calcul : *Il a fait le rapport entre les recettes et les dépenses, et il a vu que ça jouait pas*,
- tantôt comme synonyme de « ça va » : *Adieu, ça joue ? ; Je sais pas quand on va y aller parce que ça joue pas trop pour tout le monde.*

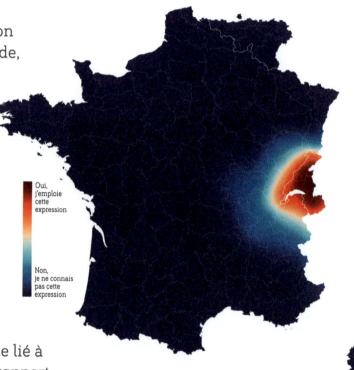

Oui, j'emploie cette expression

Non, je ne connais pas cette expression

Ça geht's ?

À l'instar de **ça joue** en Suisse romande, **ça geht's** signifie « ça va » et s'emploie dans les mêmes contextes qu'en français de référence. Alors que **ça joue** est une construction bien française, **ça geht's** est le résultat d'une hybridation entre le français et l'allemand. En allemand, *wie geht's ?* signifie « comment ça va ? » (avec **wie** : « comment », **geht** : « va » et **'s** qui est ici une particule exprimant un sujet impersonnel, qu'on peut traduire par « ce » ou « ça »). Le français a emprunté la forme **geht's** et l'a ajoutée à la base **ça**. Mot à mot, **ça geht's** peut être traduit ainsi : **ça va ça ?**

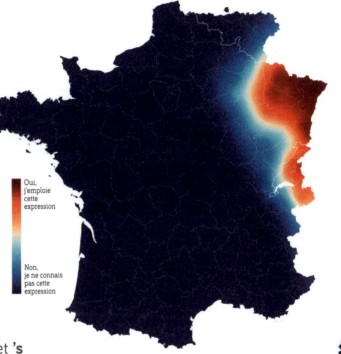

Oui, j'emploie cette expression

Non, je ne connais pas cette expression

Notons que l'expression est employée bien au-delà des territoires traditionnellement germanophones (Lorraine germanique, Alsace) : on l'entend en effet en Lorraine romane de même qu'en Suisse romande, où l'allemand est une langue de contact, pas de substrat !

POLITESSE OBLIGE

Ar'vi pa !

L'expression **ar'vi pa** (on dit aussi tout simplement **ar'vi**) est d'origine francoprovençale ou, pour être plus précis, savoyarde. Elle signifie « au revoir ». La formule survit relativement bien encore aujourd'hui. Elle rencontre notamment un vif succès auprès des touristes (les **monchus** comme les appellent les Savoyards), qui l'emploient comme un signe d'appartenance locale.

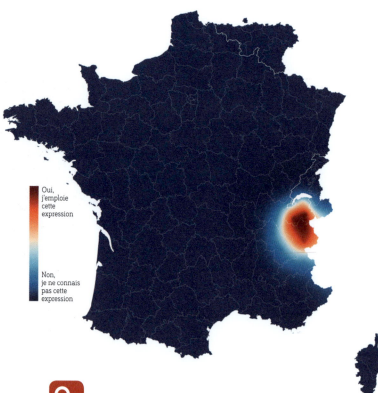

Étymologie
Ar'vi est la forme correspondant au français **au revoir** dans les parlers dialectaux que nos (arrière-)grands-parents parlaient tous les jours à la maison. La particule **pa** (aussi orthographiée **pâ**, car le [ɑ] est prononcé de façon postérieure, comme dans *pâte* ou *mâle*) est la forme raccourcie d'une interjection qui correspond au français **n'est-ce pas**.

Kenavo !

Kenavo est une interjection que l'on utilise en Bretagne pour prendre congé de quelqu'un. *Bon c'était sympa de te revoir. Kenavo !* De par sa forme, on devine que le mot est passé en français par l'intermédiaire du breton. Comme **ar'vi pa** en Savoie, **kenavo** est employé pour souligner son affirmation identitaire.

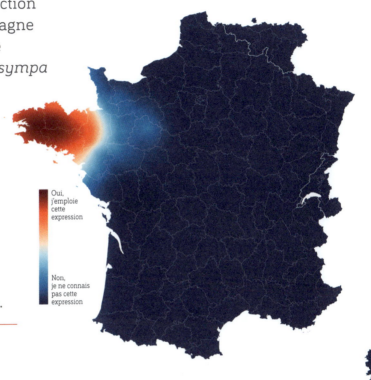

Oui, j'emploie cette expression

Non, je ne connais pas cette expression

POLITESSE OBLIGE

Salute !

Lorsque quelqu'un éternue, l'usage veut qu'on lui dise **à tes/vos souhaits !** Si c'est le second éternuement, ce sera alors la formule **à tes/vos amours**. Au troisième, les choses se compliquent un peu et aucun consensus ne se dégage.

Cela étant dit, de nombreuses personnes ont tendance à ne pas réagir quand quelqu'un éternue !

Dans les régions limitrophes du Nord-Est de la France, en Corse et en Suisse romande, l'expression **à tes/vos souhaits !** est peu ou prou utilisée, on lui préfère **salute**, **santé** ou **Gesundheit**.

salute !

Sur l'Île de Beauté, l'utilisation du mot français **santé** alterne avec le mot **salute**, qui est un emprunt à la langue corse et signifie lui aussi « santé ».

PARLEZ-VOUS (LES) FRANÇAIS ?

Dans les régions où l'on emploie l'interjection **santé !** (ou ses équivalents germanique et corse passés en français) pour dire **à vos souhaits**, on utilise la même interjection quand on trinque (comparable au « tchin-tchin ! » du français de référence), reproduisant en cela sa double valeur dans les langues en contact.

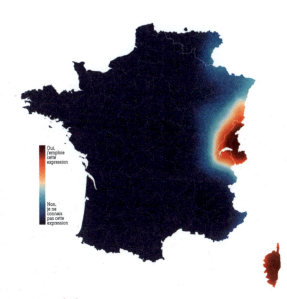

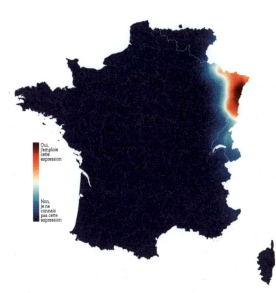

santé !

En Suisse romande, l'expression la plus fréquente est **santé !** Elle est prononcée après le premier, le deuxième, le troisième ou le énième éternuement.

gesundheit !

L'utilisation du mot **santé** pourrait bien avoir été favorisée par l'utilisation dans les mêmes circonstances de l'allemand **Gesundheit** (**Gsundheit** en alsacien ou en suisse alémanique), qui signifie « santé ».

POLITESSE OBLIGE

La pluie et le

beau temps

S'abernaudir

Dans le Nord-Ouest de la France, si quelqu'un vous dit que le temps **s'abernaudit**, vous feriez mieux de vous mettre à l'abri car cela veut dire que le ciel se couvre et qu'il va possiblement pleuvoir. Le verbe connaît des variantes selon les régions : **s'abeurnaudir** ou encore **s'abeurnazir**. Quant à la forme **s'abrundir**, apparentée étymologiquement, elle ne semble de nos jours plus en usage.

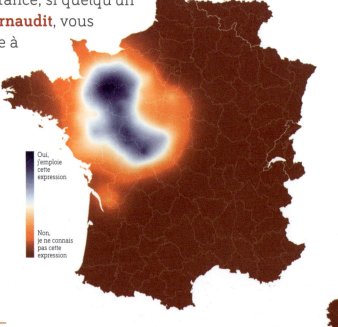

Oui, j'emploie cette expression

Non, je ne connais pas cette expression

Il veut pleuvoir

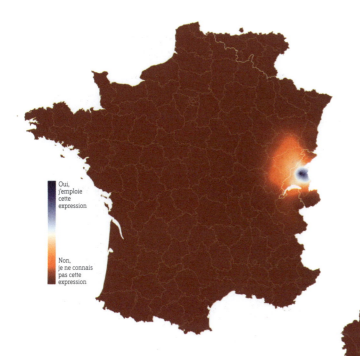

Dans le Jura romand et dans les départements voisins de Franche-Comté, l'expression **il veut pleuvoir** est synonyme de « il va pleuvoir ». L'usage du verbe *vouloir* dans ce tour est un **archaïsme** : en ancien et en moyen français, on trouve de nombreuses occurrences du verbe **vouloir** pour exprimer un futur proche.

Archaïsme
En linguistique, ce terme s'applique aux usages qui étaient autrefois généraux et qui ne survivent plus aujourd'hui que dans une minorité de régions.

Dans la bouche de certains locuteurs, surtout âgés, **vouloir** s'utilise encore avec d'autres verbes impersonnels exprimant le temps qu'il fait (*il veut neiger = il va bientôt neiger* ; *le temps veut se mettre au beau = le temps va se mettre au beau*) mais pas seulement, comme en témoignent les exemples suivants : *fais attention, tu veux tomber = fais attention, tu vas tomber* ; *le tramway, il veut s'arrêter ici = le tramway, il va s'arrêter ici*.

Il gouttine

Le verbe **gouttiner** est un belgicisme, typique de la province de Luxembourg en Wallonie. Sur le plan étymologique, ce mot a été formé sur la racine *goutte*, à laquelle on a ajouté le suffixe diminutif *-ine*. C'est le même processus qui a permis de créer le verbe **pleuviner** du français standard ; on comprend ainsi parfaitement ce que **gouttiner** veut dire, même si l'on n'est pas originaire de cette région.

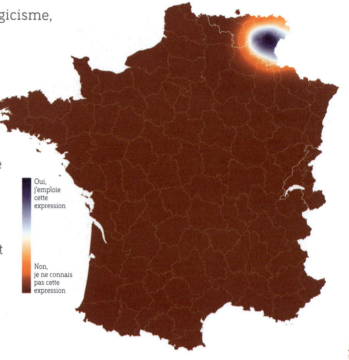

Pleuviner et **bruiner**, qui sont les synonymes de **gouttiner** en français de référence, sont également usités en Belgique.

Ça roille

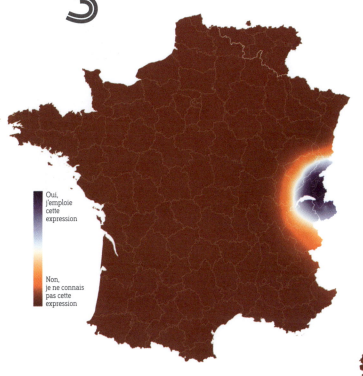

En Suisse romande comme en **France voisine**, **ça roille** est la façon locale de dire qu'il pleut à verse (dans le Nord de la francophonie d'Europe, on dirait qu'**il drache**). Dans cette région, le verbe **roiller** s'utilise aussi comme synonyme de « battre, frapper ». On peut ainsi **roiller à une porte** ou **roiller quelqu'un**.

France voisine
En Suisse romande, la locution **France voisine** désigne l'espace occupé par les départements qui jouxtent la partie romande, soit : l'Ain, le Doubs, la Haute-Savoie et le Jura.

LA PLUIE ET LE BEAU TEMPS

La drache

Le verbe **dracher** (un emprunt du français au flamand *draschen*, qui signifie « pleuvoir à verse ») comme le substantif **drache** (« averse, pluie soudaine et abondante ») constituent les particularismes locaux les plus emblématiques de la Wallonie et de l'ex-région Pas-de-Calais. Comme on peut le voir sur la carte, le mot **drache** est aujourd'hui connu bien au-delà de son aire d'origine. On trouve ainsi sur les réseaux sociaux de nombreuses occurences de cette expression, sans doute parce qu'il n'existe pas en français de verbe permettant d'expliquer de façon simple et brève (c'est-à-dire en un seul mot) ce phénomène atmosphérique si emblématique du Nord de la francophonie d'Europe. C'est ce qu'on peut appeler un bel exemple de *dérégionalisation* !

Oui, j'emploie cette expression

Non, je ne connais pas cette expression

En Belgique, le mot **drache** désigne aussi une tournée générale : *Remets une drache pour la 36 !* En Belgique toujours, l'expression **la drache nationale** désigne une averse typique du 21 juillet, jour de la fête nationale du pays.

Se prendre une rabasse

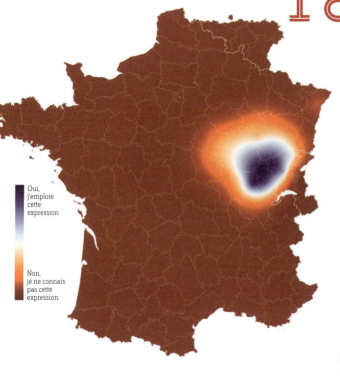

En Franche-Comté comme dans le Sud de la Bourgogne, une **rabasse** est une forte pluie, violente et bruyante. *En pleine canicule, se prendre une rabasse, c'est une vraie bénédiction !*

Se mettre à

La tournure **se mettre à la chotte**, synonyme de « se mettre à l'abri de la pluie », est aujourd'hui utilisée essentiellement dans les cantons de Neuchâtel, de Fribourg et de Vaud en Suisse romande.
Mais, au début du siècle, les correspondants dialectaux de cette formule – *à la chûte*, *à la choutte*, *à la sote*, etc. – étaient connus sur une aire géographique beaucoup plus vaste, qui va jusqu'à Saint-Étienne à l'est, Besançon au nord et Marseille au sud. Dans ces parlers, les locuteurs faisaient en effet la distinction entre « se mettre à l'abri **du vent** » et « se mettre à l'abri **de la pluie** ».

la chotte

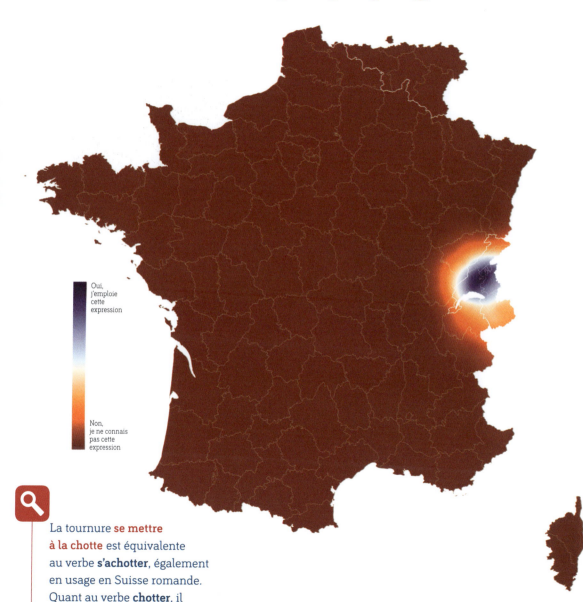

Oui, j'emploie cette expression

Non, je ne connais pas cette expression

La tournure **se mettre à la chotte** est équivalente au verbe **s'achotter**, également en usage en Suisse romande. Quant au verbe **chotter**, il signifie « cesser de pleuvoir ».

LA PLUIE ET LE BEAU TEMPS

Être trempe

L'adjectif **trempe** est une forme particulière d'adjectif typique de Suisse romande et de la partie méridionale de l'Hexagone, qui équivaut au français standard **trempé**.
Les gamins sont allés jouer dans le ruisseau, quand ils sont rentrés, ils étaient tout trempes !
En Provence, l'usage de **trempe** s'est perdu au profit de celui de **trempé**. Notons que cette expression est également connue en français canadien !

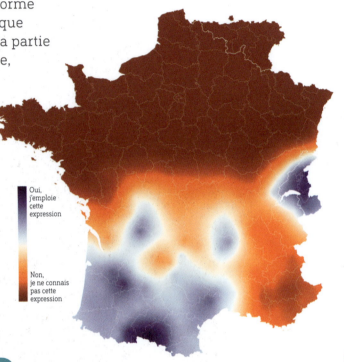

Oui, j'emploie cette expression

Non, je ne connais pas cette expression

Dans le Sud-Est de l'Hexagone, dans des aires d'extension significativement plus réduites, il existe toute une série d'adjectifs issus de la troncation de participes passés :
Ma montre est arrête (= arrêtée), elle ne marche plus !
Il a les pieds gonfles (= gonflés), à cause de la chaleur.
Ces vêtements sont vieux, ils sont tout uses (= usés).
J'ai sûrement une carie, ma joue est gonfle (= gonflée).

Être gaugé

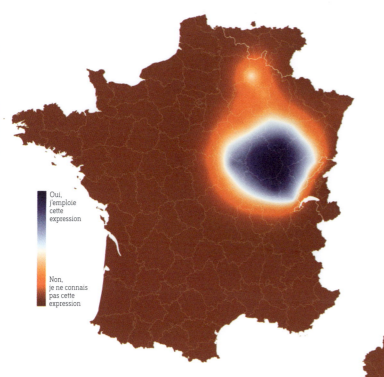

Le verbe **gauger** est un régionalisme emblématique du français de Bourgogne et de Franche-Comté. Il s'emploie pour désigner l'action de prendre de l'eau, souvent boueuse, dans ses chaussures. L'expression **être gaugé** désigne l'état résultant de cette action. *Il a pas vu la flaque et a marché dedans, maintenant il est fin gaugé !*

🔍 Le tour **être tripé** signifie plus ou moins la même chose mais est largement moins utilisé !

LA PLUIE ET LE BEAU TEMPS

Être clarteux

L'adjectif **clarteux** a été créé par dérivation du nom français « clarté », à l'aide du suffixe *-eux, -euse*, dont le choix a peut-être été motivé par sa proximité phonique avec la terminaison de l'adjectif du français standard « lumineux », dont il est le synonyme. En Lorraine, son usage est attesté depuis au moins le XVIIIe siècle, et s'applique essentiellement à des pièces à vivre ou des appartements.
Il est assez fréquent de rencontrer cet adjectif dans les annonces des agences immobilières :
À saisir : grand studio de 21 m², clarteux.

À Reims, on peut entendre la variante **clartif** (**clartive** au féminin), utilisée également dans l'immobilier.

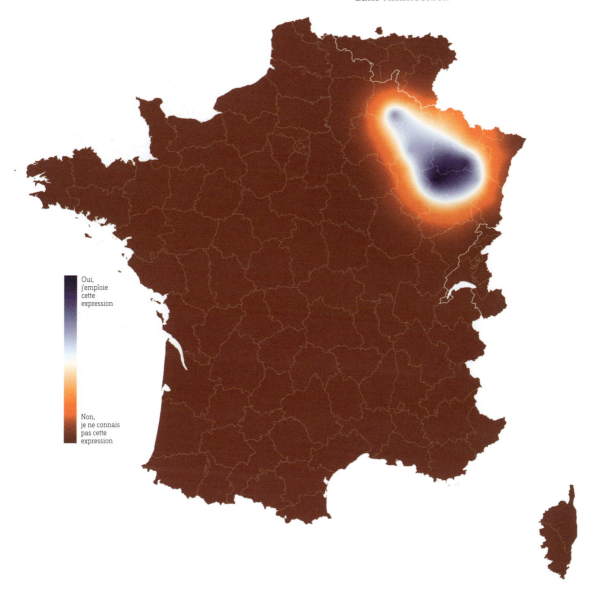

LA PLUIE ET LE BEAU TEMPS

Faire douf

En Belgique, s'**il fait douf**, c'est qu'il fait un temps lourd et étouffant (ce genre de temps est en général suivi d'une bonne **drache**). À l'écrit, on trouve aussi la variante **doef(e)**, qui est la forme néerlandaise, langue à laquelle le mot a été emprunté.

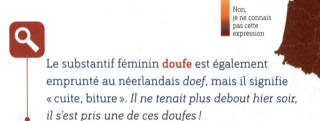

Le substantif féminin **doufe** est également emprunté au néerlandais *doef*, mais il signifie « cuite, biture ». *Il ne tenait plus debout hier soir, il s'est pris une de ces doufes !*

PARLEZ-VOUS (LES) FRANÇAIS ?

Quelle tiaffe !

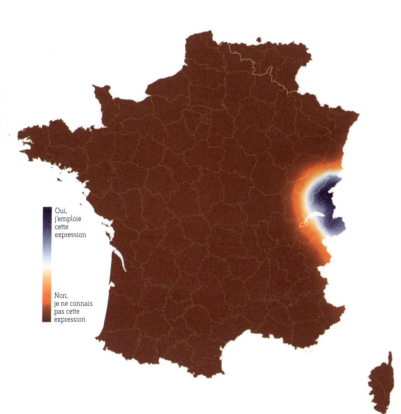

Pas tout à fait équivalent à la **douf** belge, la **tiaffe** romande est une très forte chaleur, teintée d'humidité. *Quelle tiaffe sous cette tente !* Par extension, le mot **tiaffe** désigne également une neige de printemps qui a fondu au soleil et qui, mélangée à de la terre, a pris une teinte brunâtre. *Ce matin, les routes étaient recouvertes de tiaffe, il fallait faire attention à ne pas glisser !*

Il fait cru

Selon les dictionnaires du français de référence, la locution **faire cru** est archaïque. Elle est attestée dès le XIVe siècle mais est aujourd'hui signalée comme vieillie ou régionale.

En Belgique et en Suisse, mais aussi dans les régions de l'Est de la France qui s'alignent entre Bruxelles et Genève, elle s'emploie encore assez fréquemment pour parler d'un temps froid et humide.

Il a plu toute la nuit, ce matin il fait cru, il va falloir qu'on s'habille chaudement !

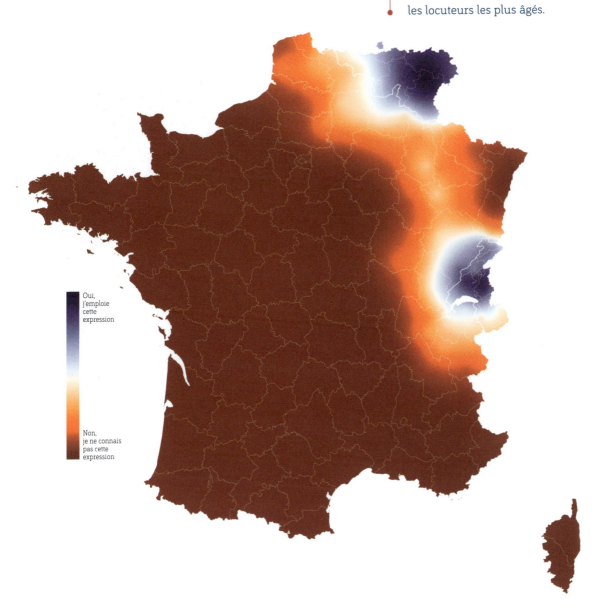

La locution est aussi employée dans les provinces francophones du Canada, mais plutôt par les locuteurs les plus âgés.

LA PLUIE ET LE BEAU TEMPS

Débarouler...

Si vous ne venez pas de la région lyonnaise, il y a peu de chance que vous utilisiez le verbe **débarouler** (on dit aussi **débaruler** ou **débaroler**, plus rarement **barouler**), qui signifie « tomber en roulant » ou « dévaler à toute vitesse en roulant sur soi-même ». Il s'applique particulièrement bien au relief des vallées alpines. Quand on tombe à ski, il n'est pas rare que l'on roule sur soi-même dans une pente. Ou, pour le dire plus simplement, on **débaroule** la piste !

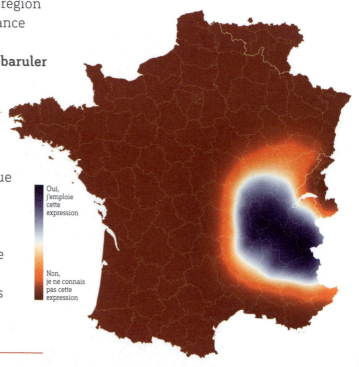

Oui, j'emploie cette expression

Non, je ne connais pas cette expression

Débarouler fait une entrée fracassante dans l'édition 2018 du *Petit Larousse illustré*, rendant très fiers les Rhônalpins.

... dans la peuf

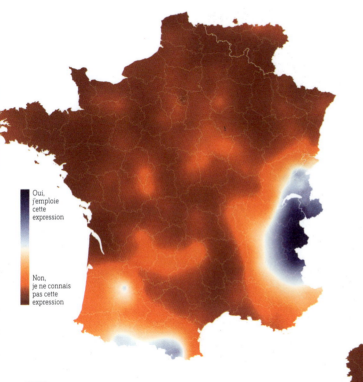

Oui, j'emploie cette expression

Non, je ne connais pas cette expression

Le mot **peuf**, qui désigne ce que l'on appelle plus communément de la « (neige) poudreuse », ou dans le jargon des jeunes Savoyards de la *pow-pow* (prononcé [popo], un emprunt à l'argot anglais), ne figure dans aucun dictionnaire francophone. La carte montre qu'il est employé dans les régions où se trouvent les grandes stations de ski, à savoir les Alpes (Sud de la Suisse romande, Haute-Savoie, Savoie, Isère, Hautes-Alpes) et, dans une moindre mesure, le massif des Pyrénées (à la frontière entre la France et l'Espagne). Ailleurs, il est connu sporadiquement, sans doute par des vacanciers fans des sports d'hiver.

Étymologie

On peut faire l'hypothèse que le mot **peuf** est passé en français par l'intermédiaire des patois francoprovençaux que l'on parlait naguère couramment en Haute-Savoie et à l'ouest du Valais romand. Dans ces parlers, le mot *pœfa* désignait de la poussière et, par extension métaphorique, ce type de neige poudreuse qui s'envole comme de la poussière quand on glisse dessus (ou lorsqu'elle tombe d'un arbre). Le mot se serait ensuite répandu dans le reste des Alpes francophones par l'intermédiaire des skieurs, puis jusque dans les reliefs pyrénéens.

LA PLUIE ET LE BEAU TEMPS

table!

Le trou du

En français standard, il n'existe pas de verbe simple pour paraphraser l'expression **avaler de travers** (dans le jargon médical, on dit **faire une fausse route**). En moyen français (parlé du XIVe au XVIe siècles), le verbe *s'engouer*, formé sur le mot *goue* (variante de *joue*, mais avec le sens de « gosier ») était utilisé en ce sens. Il est aujourd'hui mentionné dans les dictionnaires avec la marque « vieilli ».

Dans les français régionaux, nous avons recensé des dizaines de variantes pour exprimer cette notion. Nous avons reporté sur la carte celles qui sont encore le plus fréquemment utilisées. Alors que certaines sont connues sur des aires assez vastes (**avaler par le trou du dimanche** dans l'Est, **s'escaner** dans le Sud-Ouest), d'autres sont limitées à des aires plus réduites (**s'entrucher** en Champagne, **s'enjoquer** en Pays-de-Savoie), voire à l'échelle d'un département (**s'engouiller** en Mayenne, **s'astruquer** autour de Namur, **s'entoquer** dans le Pas-de-Calais) ou d'un arrondissement (**s'engober** dans la région de Dieppe ou **s'énoquer** en Artois).

dimanche

s'entoquer
s'énoquer   s'astruquer
s'engober
s'entrucher
s'engouiller
avaler par le trou du dimanche
avaler de travers
s'enjoquer
s'escaner
avaler de travers

S'enfaler était naguère attesté en Normandie.

À TABLE !   **87**

Être nareux

L'adjectif **nareux** qualifie une personne « difficile sur la nourriture », ou plus généralement qui éprouve facilement du dégoût par rapport à tout ce qui touche la propreté de la table. Une personne qui ne veut pas boire dans le verre d'un autre, ou qui n'aime pas qu'un tiers touche à son assiette avec sa fourchette, est une personne **nareuse**.

La variante **néreux** est en circulation dans la partie vosgienne de la Moselle.

Étymologie

Typique du Nord-Est de la France ainsi que des provinces de Namur et du Luxembourg en Belgique, **nareux** aurait été formé à l'aide d'un mot désignant les narines dans les dialectes de cette région.

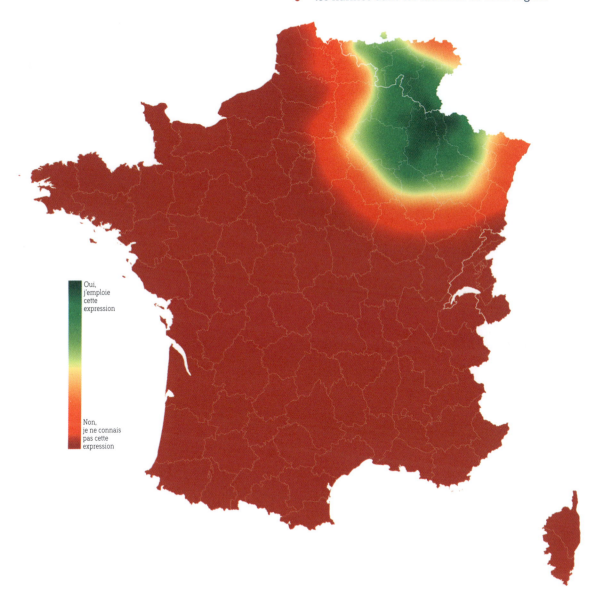

Bé, mac

En patois normand, l'expression **bé, mac é té té !** signifie littéralement « bois, mange et tais-toi ! ».

Les parlers normands sont de moins en moins parlés par les jeunes générations. Quelques expressions dont les sonorités rappellent cette langue sont toutefois encore employées en famille ou sur le ton de la plaisanterie au milieu de conversations en français. Outre **bé, mac é té té**, signalons **bian coum u linge** (« blanc comme un linge »), **c'est red bi com cha na** (« c'est raide bien comme ça ») ou encore **on y veille goutte** (« on n'y voit rien »).

é té té

Étymologie
Le mot **mac** est le correspondant normand de *mâcher* et non de *manger*.

Faire les quatre-heures

Pour désigner la collation que l'on prend généralement aux alentours de 16 heures, le français standard dispose du substantif et du verbe **goûter** (*goûter, prendre le goûter, faire un goûter*) ou du composé **quatre-heures**. Employé au singulier et avec les verbes **faire** ou **prendre** (*prendre son quatre-heures, prendre le quatre-heures*), le tour n'est pas régional.
Avec le verbe **faire** et l'article **les** (**faire les quatre-heures**), la locution est typique d'une aire qui comprend la Suisse romande, la Bourgogne et la Franche-Comté.

On remarque toutefois que la vitalité du tour n'est pas la même de part et d'autre de la frontière franco-suisse, ce dernier étant moins employé en France qu'en Suisse.

Faire quatre-heures

Avec le verbe **faire** sans l'article **les** (**faire quatre-heures**), la locution est typique d'une vaste zone compacte dans le Centre-Ouest de la France, délimitée au nord par la ville de Tours, au sud par la ville d'Agen, à l'ouest par Saint-Étienne.

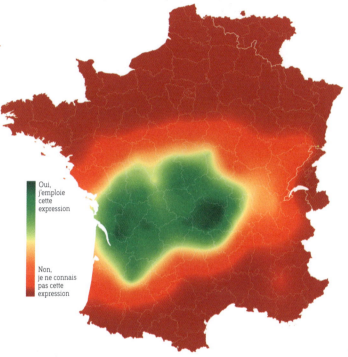

À TABLE !

Croustet, crougnon,

Il existe en français des concepts dont les dénominations varient fortement des deux côtés de la francophonie d'Europe, et pour lesquelles ni l'Académie française ni les dictionnaires de référence n'ont tranché en faveur de l'une ou l'autre. Les dénominations de l'extrémité d'une baguette de pain en sont un bel exemple. Sur la carte, on peut voir que le territoire est *grosso modo* divisé en deux grandes zones principales : au Nord, on appelle **croûton** l'extrémité de la baguette, alors qu'au Sud, on dit **quignon**.

La zone septentrionale n'est toutefois pas uniforme : dans la partie orientale de la Lorraine, on trouve un îlot **quignon** en zone **croûton**. Et dans l'aire la plus au nord de la francophonie d'Europe, c'est la variante **cul (du pain)** que l'on a le plus de chance d'entendre.

En Suisse romande enfin, on retrouve dans les cantons les plus au sud (Genève, Vaud et Valais) la variante **crochon** (aussi **crotchon**, parfois **crotson** ou encore **crodzon**), alors que dans les cantons de Neuchâtel et de Fribourg, c'est **quignon** qui est le plus répandu. Les cantons du Jura et les districts du Jura bernois s'alignent sur l'usage alsacien, à savoir **croûton**.

Dans une zone qui correspond plus ou moins au **Croissant**, on retrouve la forme **crougnon**, mot-valise formé à partir de **croûton** et de **quignon**.

Dans les Pyrénées, le long de la frontière franco-espagnole, c'est la forme **croustet** qui est la plus répandue.

Croissant
Il s'agit de l'aire dialectale où se rencontrent les parlers d'oïl et d'oc. Elle comprend les départements de la Creuse, de la Haute-Vienne et de l'Allier.

crochon...

🔍 Dans les provinces francophones du Canada, on parlait d'**entame**. Ce tour est encore employé sporadiquement dans tout le quart nord-ouest de l'Hexagone. Toutefois, il ne figure pas sur la carte car son usage est clairement minoritaire par rapport à celui de **croûton**.

Être daubé

En français standard, le mot **daube** est un substantif qui désigne une cuisson de viande spécifique, et par métonymie, le plat qui en résulte : *de la viande mijotée en daube ; une daube de bœuf ou de taureau.* Dans l'argot, de la **daube**, c'est un objet de mauvaise qualité, de la camelote. *J'ai acheté une machine à café en solde, trois mois après elle ne fonctionnait plus. Quelle daube !*
Dans une large région dont la ville de Lyon est le centre, **daube** désigne de la viande de mauvaise qualité ou avariée. *L'autre jour, la bouchère m'a refilé de la daube !* Quant à l'adjectif **daubé**, il s'applique à des aliments qui ont perdu leur fraîcheur. *J'ai trop laissé traîner cette sauce, elle est daubée !*

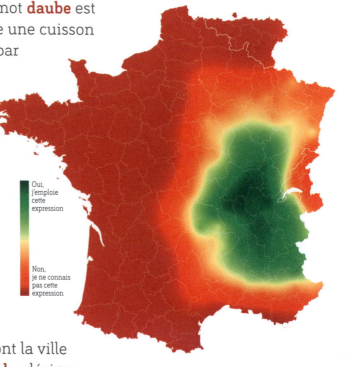

Il semblerait que le sens lyonnais soit l'acception intermédiaire entre le sens premier (culinaire) et le sens argotique mais général comme synonyme de camelote.

Pâté-croûte

Le **pâté en croûte** consiste en un pâté de viande (à base de porc, de veau, de volaille ou de gibier, et d'épices) cuit dans une pâte, feuilletée ou brisée. Ce genre de plat connaît autant de variantes qu'il y a de régions (en Champagne-Ardenne et en Lorraine, il est servi chaud).
De façon surprenante, les dictionnaires n'enregistrent pas la variante **pâté-croûte**, typique de l'ancienne région Rhône-Alpes (dont la capitale est Lyon) et de la Champagne (dont la capitale est Reims). C'est pourtant une forme que l'on retrouve sur les menus de nombreuses brasseries locales !

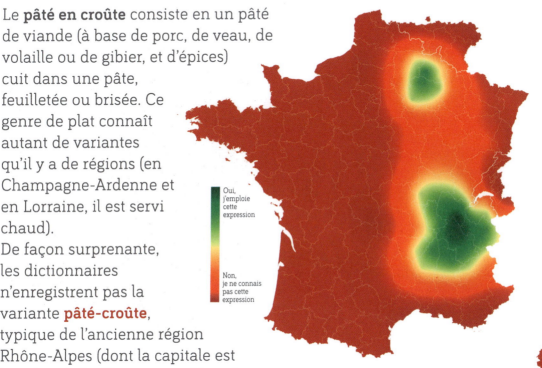

La cuisson en croûte est connue depuis le Moyen Âge, et fait depuis quelques années l'objet d'un véritable engouement auprès des grands chefs.

À TABLE ! 97

Œuf cuit dur

La géographie du composé **œuf cuit dur** pourrait laisser penser à une influence des langues germaniques sur le français (le néerl. *hardgekookt ei* et l'all. *hartgekochtes Ei* signifient littéralement « dur-cuit œuf »). Plusieurs indices laissent toutefois penser que l'allemand ou le néerlandais n'ont rien à voir dans l'existence de la forme **œuf cuit dur**. On observe en effet que cette formule est inconnue dans les territoires naguère germanophones, comme l'Alsace et la Moselle, alors qu'elle jouit d'une certaine vitalité sur un territoire où l'influence de l'allemand est plus difficile à justifier (plusieurs départements allant de la Lorraine au Rhône).

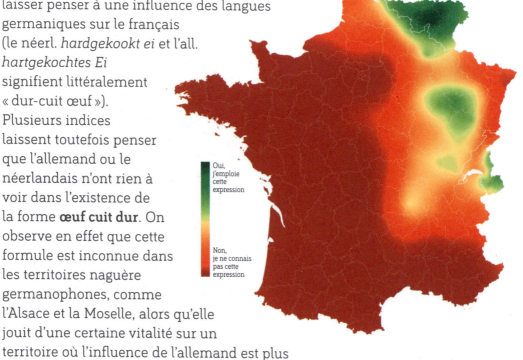

 Le fait que la forme soit également en circulation dans les provinces de l'Est du Canada nous laisse penser que cette appellation devait jouir naguère d'une aire d'emploi beaucoup plus large que celle qu'elle connaît aujourd'hui dans l'Hexagone (car les premiers colons de Nouvelle-France étaient surtout originaires de Normandie, d'Île-de-France et du Centre-Ouest de la France).

Cuire de l'eau

En Suisse romande, si quelqu'un vous dit qu'il va **cuire de l'eau** (ou tout autre liquide, de même que du linge), cela veut dire qu'il va les faire bouillir. Cet usage a été repéré dans le français de Belgique, de Lorraine et d'Alsace, mais aussi dans les patois de l'Est de la France et de Suisse. Nos données signalent qu'il s'agit aujourd'hui d'une particularité linguistique qui n'est guère connue en dehors de la Suisse romande.

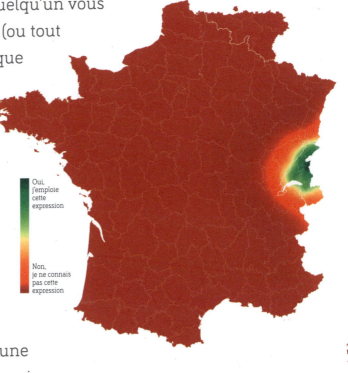

En Suisse romande, le verbe **cuire** est aussi synonyme de « cuisiner ». *C'est une excellente ménagère, elle sait bien cuire.*

À TABLE ! 99

Tant va la cruche...

À la cantine de l'école, comment appeliez-vous le récipient en verre, en métal, en plastique ou en terre cuite, que l'on utilisait pour servir de l'eau à table ? Le français dispose pour ce faire de nombreux termes. Dans les dictionnaires, les définitions qu'on en trouve sont, d'ailleurs, toutes assez proches. D'après le *Trésor de la Langue Française informatisé* (TLFi) :

- un **pichet** est un « récipient de petite taille, de terre ou de métal, de forme galbée avec un collet étroit où s'attache une anse, utilisé pour servir une boisson » ;

- à l'entrée **broc**, la définition change à peine : « récipient à anse, de taille variable, le plus souvent en métal, avec un bec évasé, utilisé pour la boisson ou pour transporter des liquides » ;

- la définition de **cruche** n'est guère différente non plus : « vase à large panse, à anse et à bec, destiné à contenir des liquides » ;

- si le récipient a un col étroit et ne possède pas d'anse, on l'appelle **carafe** : « bouteille en verre ou en cristal à base large et col étroit que l'on remplit d'eau, de vin ou de liqueurs » ;

- enfin, le mot **pot** est le plus sous-spécifié de tous les termes en présence : « récipient à usage domestique, de forme, de matière et de capacité variables, servant à contenir diverses substances, très souvent des liquides et des ingrédients plus ou moins solides ».

Bien qu'aucun de ces mots ne soit marqué comme régional dans les dictionnaires, tous n'ont pas la même extension géographique comme on peut le voir sur la carte et sur les pages suivantes.

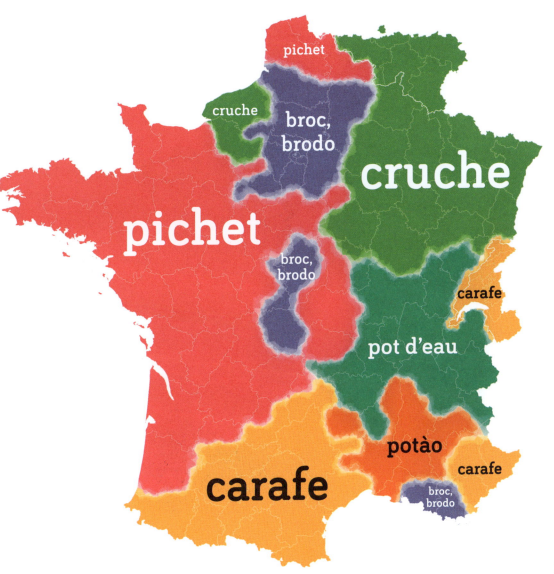

Carafe

Le mot **carafe** est connu et employé sur l'ensemble du territoire, particulièrement dans les périphéries. Il ne jouit d'aucune concurrence dans le Sud-Ouest, dans le Sud-Est, en Corse et en Suisse romande.

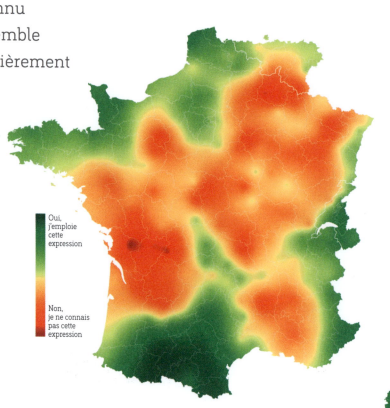

Pichet

Le mot **pichet** est pour sa part typique de la moitié occidentale de la France, et de l'ancienne région Nord-Pas-de-Calais.

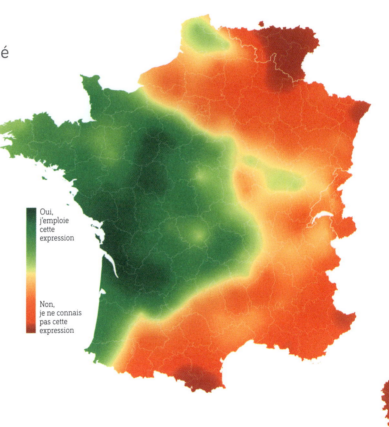

Oui, j'emploie cette expression

Non, je ne connais pas cette expression

À TABLE ! 103

Cruche, broc

À l'inverse, c'est dans le Nord-Est et en Wallonie que le mot **cruche** est employé le plus souvent. On peut aussi l'entendre en Haute-Normandie.

La variante **broc**, souvent **broc d'eau** (mais attention, prononcé [**brodo**] !) est typique de la région parisienne et du Centre de la France. On la retrouve également dans la région de Marseille.

cruche

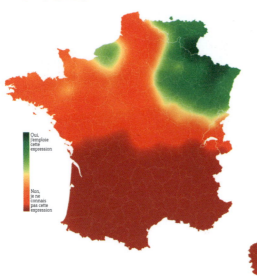

broc, broc d'eau

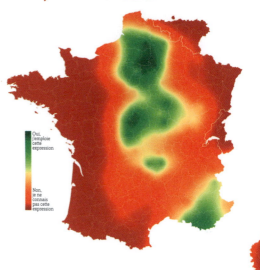

Pot, pot d'eau, pot-à-eau

Enfin, les composés formés sur **pot**, à savoir **pot d'eau** (prononcé [**podo**]) et **pot-à-eau** (prononcé [**potào**]), sont typiques de l'ex-région Rhône-Alpes pour le premier, des départements qui entourent l'Ardèche pour le second.

pot, pot d'eau

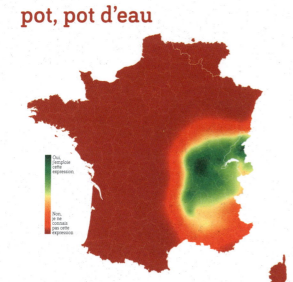

pot-à-eau

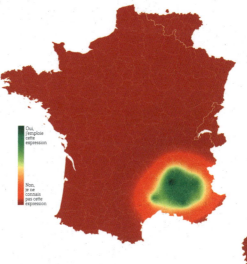

Notre

quotidien

Escagasser sa voiture

Les verbes présentés sur cette carte signifient tous « cabosser légèrement la face extérieure d'un véhicule, à la suite d'un choc ou d'un coup ».
Le détail des cartes (voir pages suivantes) permet de rendre compte du fait que les aires de **b(e)ugner**, **bigner** et **poquer** sont plus ou moins complémentaires.
B(e)ugner est toutefois utilisé en concurrence avec **escagasser** dans le Sud et **embugner** ainsi que **poquer** dans le Centre-Est de l'Hexagone.

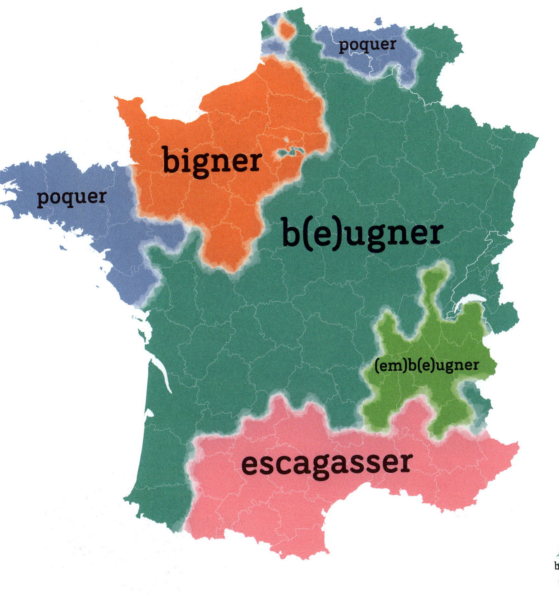

Beugner, embugner

b(e)ugner

En France comme en Suisse, **b(e)ugner** est la forme la plus répandue. En tant que verbe, il s'applique aussi bien à des véhicules (*beugner sa voiture, beugner une moto*), qu'à des personnes (*je me suis beugné contre le trottoir*). Sous sa forme substantivée, le mot **b(e)ugne** peut désigner un coup, une contusion, une bosse (*il s'est pris une bugne en pleine poire !*). En ce sens, le mot est synonyme du français familier **beigne**.

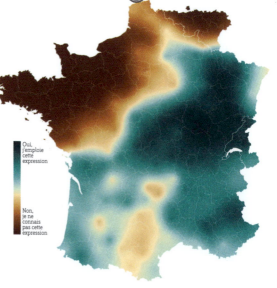

Étymologie

B(e)ugner a été créé sur le substantif **bugne** (ou **beugne**), qui désigne dans la région de Lyon une pâtisserie à base de farine, d'œufs, de sucre et d'arômes, que l'on fait frire, et que l'on distribue « à Carnaval ». Selon toute vraisemblance, l'aire d'extension de **b(e)ugner** était naguère plus restreinte. D'ailleurs, les dictionnaires généraux et régionalistes signalent encore le verbe comme régional.

emb(e)ugner

Dans la région Rhône-Alpes, **b(e)ugner** est concurrencé par la forme préfixée **emb(e)ugner**. Notons toutefois qu'il n'existe pas de substantif correspondant : on peut faire une **bugne** à sa voiture, mais pas une **embugne** !

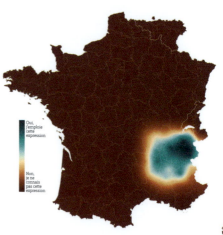

Bigner, escagasser, poquer

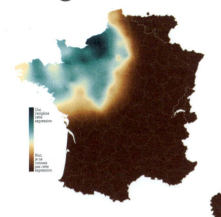

bigner
Dans le quart nord-ouest de l'Hexagone, c'est la variante **bigner** (sans doute une forme ancienne et/ou dialectale du français **beigner**) qui est en circulation. Les dictionnaires du français de référence n'enregistrent pas ce verbe dans leurs entrées, mais mentionnent le substantif **bigne**, donné comme synonyme régional ou vieilli de **beigne** (au sens de « bosse, tumeur à la tête provenant d'un coup »).

escagasser
Enfin, **escagasser** est une variante typique du Sud de la France. Le verbe est passé en français par l'intermédiaire de l'occitan (*escagassá* : « affaisser, écraser, épater »), et est employé dans différents contextes. Dans son sens le plus large, il est sensiblement équivalent aux verbes « détruire, écraser, broyer, casser ou abîmer ». Le verbe s'applique également à des personnes (*s'escagasser la figure* : « se casser la gueule ») et peut être employé comme participe passé : *être escagassé*, c'est être fatigué, éreinté. En construction transitive directe, il signifie « agacer, ennuyer » (*tu m'escagasses !*), voire « surprendre ».

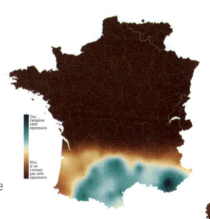

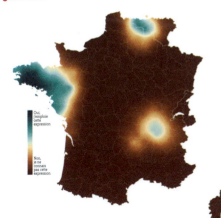

poquer
En Bretagne ainsi que dans le Hainaut belge et plus rarement dans le Lyonnais, on a relevé le verbe **poquer**. Le verbe est également en circulation dans les provinces francophones du Canada, où il signifie, comme dans les régions de France, « marquer de coups, meurtrir, battre ».

S'empierger,

En français standard, il n'existe pas de façon simple pour exprimer l'action de **s'empêtrer** (se prendre les pieds dans un obstacle, comme un tapis, une racine qui dépasse, etc.) puis de **trébucher** pour enfin tomber face contre terre. Dans les français régionaux, de nombreux verbes pronominaux existent pour rendre compte d'incidents de ce genre.

Nous avons représenté en gris sur la carte les régions qui ne connaissent pas de verbe particulier pour ce concept. On peut voir que c'est principalement le cas dans la partie septentrionale de la francophonie d'Europe, à quelques exceptions près.

Dans l'ex-région Champagne-Ardenne, c'est la variante **s'empierger** (certains disent aussi **s'empierguer**) qui est la plus répandue. La forme **empierger** est une variante locale de l'ancien français **empiéger** (« prendre au piège »), qui est aujourd'hui sortie de l'usage en français de référence. En Bourgogne et dans l'Ouest de la Franche-Comté, **s'empiger** (aussi **s'empiguer**) se rattache étymologiquement au même type lexical, tout comme **s'empiager** (plus rarement **s'empiaguer**) dans les deux Savoies et en Isère. Selon toute vraisemblance **s'encheper** (que l'on retrouve dans l'Oise) et **s'achouper** (à la fois dans le Hainaut belge et dans le canton de Fribourg en Suisse) appartiennent à une autre famille étymologique.

En Suisse romande comme en France voisine, **s'encoubler** est un emprunt aux dialectes locaux**...**

s'encoubler...

s'achouper

s'encheper

s'empierger

s'empêtrer

s'empiger

s'achouper

s'encoubler

s'empiager

s'entraver

s'empéguer

s'embroncher

s'empéguer

s'empéguer

s'empêtrer

🔍 Le verbe **s'empierger** a fait grand bruit quand il est entré dans l'édition 2017 du *Petit Larousse illustré* !

NOTRE QUOTIDIEN

... s'empéguer,

La partie méridionale de la France se divise quant à elle en plusieurs zones. Dans le Sud-Ouest et sur une partie du littoral méditerranéen ainsi qu'en Haute-Corse, on rencontre la forme **s'empéguer**, empruntée au verbe occitan correspondant : *empegá*, « poisser, enduire de poix ».

Dans le Sud-Est, c'est le verbe **s'embroncher** qui est employé : *Je me suis embronché dans les buissons*. Enfin, **s'entraver** est utilisé au sein de départements qui s'agencent le long d'une ligne qui relie Bordeaux à Clermont-Ferrand. Si **entraver** est un mot du français standard (on entrave quelqu'un avec quelque chose), le tour régional réside ici dans la façon dont le verbe est employé dans la phrase : on n'entrave pas quelque chose, mais on **s'entrave** soi-même (dans quelque chose).

Outre le sens original de « s'engluer, se couvrir de poix » et celui de « se prendre les pieds dans quelque chose » le verbe **empéguer** s'emploie comme synonyme de « réprimander, attraper » (avec un sujet qui désigne une autorité : *fais attention sur la route, il manquerait plus que tu te fasses empéguer par les gendarmes !*) ou comme celui de « rendre/devenir ivre » (*il s'est empégué au pastis*).

s'embroncher

s'achouper
s'encheper
s'empierger
s'empêtrer
s'empiger
s'achouper
s'encoubler
s'empiager
s'entraver
s'embroncher
s'empéguer
s'empéguer
s'empéguer
s'empêtrer

🔍 Au Québec et dans les provinces francophones du Canada, on utilise la variante **s'enfarger**. Ce verbe ne semble plus être utilisé en France.

🔍 **S'embroncher** connaît une variante phonético-graphique, **s'embronquer**, dans le Gard.

NOTRE QUOTIDIEN

Mettre à la jaille

L'expression **mettre à la jaille** signifie « jeter à la poubelle ». Le tour est typique des départements qui longent l'Atlantique, de la Vendée jusqu'au Finistère.

Le mot **jaille** désigne aussi bien une poubelle que la déchetterie, voire, dans la bouche de certains locuteurs, un objet bon à jeter.

Par ailleurs, **jaille** est aussi employé dans le jargon des marins travaillant sur les navires sabliers de l'estuaire de la Loire, comme synonyme de sable de mauvaise qualité.

🔍 Dans cette région, on appelle **jailloux** les personnes qui ramassent les ordures. Le terme est toutefois si péjoratif qu'il est parfois utilisé comme une insulte.

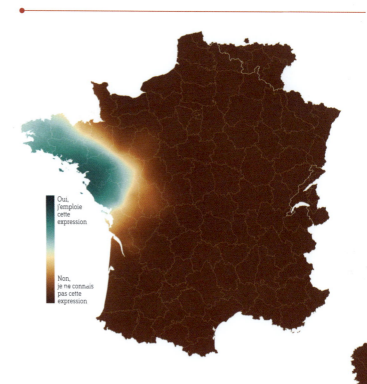

Oui, j'emploie cette expression

Non, je ne connais pas cette expression

Mettre loin

La locution **mettre loin**, aussi connue sous sa forme familière **foutre loin**, est employée en Suisse au sens de « jeter, mettre au rebut, congédier ». *Germaine tu es en train de mettre loin des bouquins qui sont encore utilisés par mes élèves !* Quant à la locution **mettre (en) bas** (variante **foutre (en) bas**), qui signifie « démolir, abattre » (*mais entre-temps ils ont mis en bas toutes les archives*), elle s'emploie principalement dans le canton de Vaud et en France voisine.

mettre loin

mettre (en) bas

Sur le plan grammatical, les deux expressions sont construites sur le même moule : un verbe exprimant le déplacement d'un objet (**mettre, foutre**) suivi d'un adverbe indiquant un repère dans l'espace (**loin, en bas**). Le procédé est relativement vivant : on trouve des combinaisons de l'adverbe **loin** avec des verbes comme **jeter, envoyer, lancer** ou **ficher**, etc. ; pour l'adverbe **(en) bas**, avec des formes du type **venir, arriver, jeter**, etc.

Tirer à pouf

Dans le français de l'Hexagone, un **pouf** est une sorte de fauteuil rembourré qui prend la forme du corps de la personne qui s'assoit dessus. En Belgique, si vous entendez que quelque chose a été fait **à pouf** (le dosage des ingrédients dans une recette, une réponse donnée à un examen, etc.), cela veut dire que cette action a été faite au hasard, ou, comme on dit plus familièrement ailleurs, **au petit bonheur la chance**.

Certains dictionnaires du français de référence signalent encore, avec la mention « vieilli » ou « désuet », le mot **pouf** comme synonyme de « dette », « annonce faite par un charlatan ». L'expression **faire pouf** signifie alors « disparaître sans payer ses dettes ».

Dans la région de Bruxelles, **à pouf** est employé dans un sens légèrement différent car il est synonyme de « à crédit » : *Acheter une maison à pouf*. Sur le plan étymologique, la forme est passée en français par l'intermédiaire du flamand (*op de poef kopen*, mot à mot : « sur le pouf acheter »).

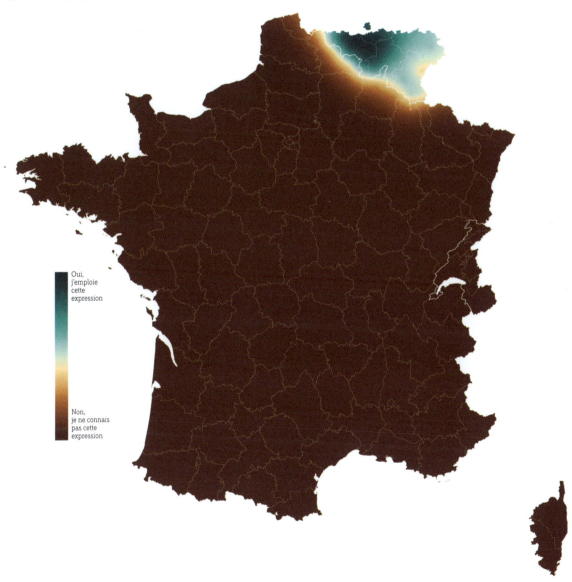

A bisto

A bisto de nas est une expression typique et emblématique de la Gascogne car il n'y a pas que la **chocolatine** et la **poche** qui caractérisent le français de cette région ! La locution signifie « à vue de nez, au pifomètre ». *Comme ça, a bisto de nas, je dirais qu'il nous reste assez d'essence pour faire une centaine de kilomètres !*

L'expression est un emprunt non adapté du français à l'occitan. **Bisto** est en effet la forme phonétique de « vue » dans certaines variétés d'occitan (les formes **biste**, **vista** existent également, les consonnes que l'on transcrit à l'aide des graphèmes *b* et *v* sont prononcées de la même façon avec le son [β], comme en espagnol), et **nas** est le correspondant du mot « nez ».

de nas

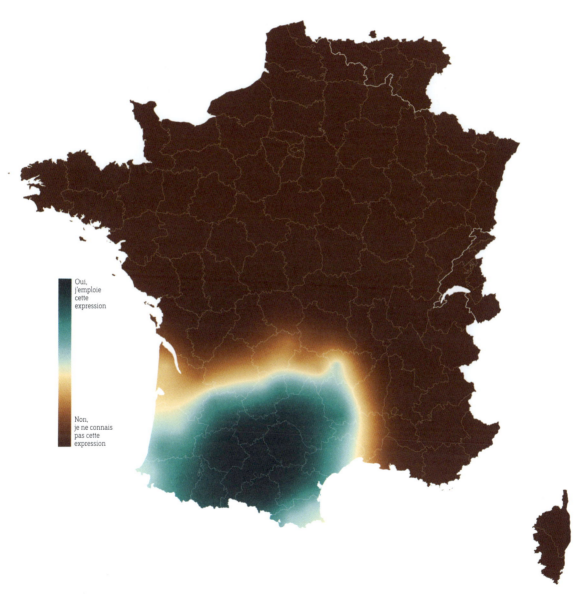

NOTRE QUOTIDIEN

Crébillonner

Le verbe **crébillonner** est connu sur une aire relativement petite, dont le centre est la ville de Nantes. Pour comprendre son origine et sa signification, il faut savoir que la rue Crébillon est l'une des principales artères du centre-ville historique de Nantes.

Ce passage commercial invitant à la flânerie a ainsi donné naissance au verbe **crébillonner**, dont le sens est « traîner en faisant ses courses, flâner dans la rue de Crébillon en faisant les vitrines ».

Allons crébillonner s'il fait beau ce samedi !

Baptisée ainsi en référence à Prosper Jolyot de Crébillon, dramaturge français du XVIIIe siècle, membre de l'Académie française, la rue Crébillon est réputée pour ses commerces de vêtements et ses boutiques de luxe.

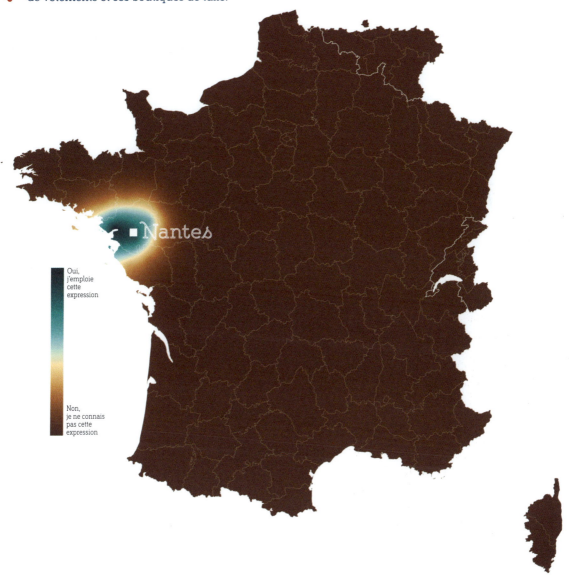

Oui, j'emploie cette expression

Non, je ne connais pas cette expression

NOTRE QUOTIDIEN

Faire un monte et descend

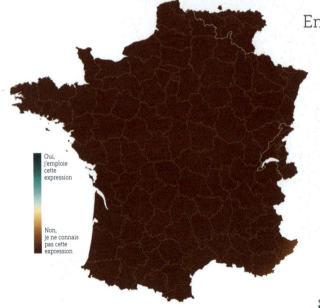

Oui, j'emploie cette expression

Non, je ne connais pas cette expression

En Corse, **faire un monte et descend**, c'est faire une promenade. L'origine de cette expression provient sans doute du fait que de nombreux villages de Corse sont situés en altitude. Le moindre déplacement impliquant des changements de reliefs, on peut comprendre pourquoi le tour **faire un monte et descend** a fini par être employé comme un synonyme de « faire une promenade ».

Marcher nus pieds

Il existe en français des constructions pour lesquelles l'ordre des mots est variable (*sel gros/gros sel* ; *tiens-toi-le pour dit/tiens-le-toi pour dit* ; *il n'y en a plus guère/guère plus*, etc.). L'alternance marcher **pieds nus**/**nus pieds** fait partie de ces couples de tours dans lesquels l'ordre des mots hésite. On peut voir sur la carte que, dans l'Hexagone, l'alternance entre **marcher pieds nus** et **marcher nus pieds** peut être représentée au moyen de critères géographiques. En Normandie, mais aussi dans le Sud-Est de la Champagne et en Touraine, la variante **nus pieds** est plus vivace qu'ailleurs. Toutefois, l'existence de nombreuses zones plus claires dans le reste du territoire montre que d'autres francophones emploient également cette variante.

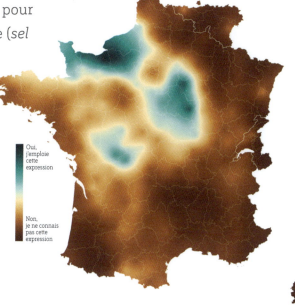

La tournure **marcher nus pieds** jouit outre-Atlantique d'une vitalité plus forte que **marcher pieds nus**. Pas étonnant, dans la mesure où ce sont majoritairement des colons originaires du quart nord-ouest de la France qui ont peuplé le Canada francophone à partir du XVIIe siècle !

Index

a bistro de nas 120-121
abernaudir (s') 66
achotter (s') 73
achouper (s') 112-115
adieu 50 51
amitieux 28-29
à point d'heure 16-17
ar'vi pa 60
astheure (astheur, asteure) ...18-19
astruquer (s') 86-87
au taquet 36-37
avaler de travers 86-87
baise (se faire une) 54-55
baisse (se faire une) 54-55
bas (mettre, foutre (en)) 117
bé, mac é té té 90-91
bec (se faire un) 54-55
beugner 108-111
biger (se) 54-55
bigner 108-111
bise (se faire la) 54-57
biser (se) 54-55
bises (nombre de) 56
boujouter (se) 54-55
broc 100-105
broc d'eau [brodo] 100-105
ça (me) daille 32
ça geht's 59
ça joue 58
ça m'enfade 33
ça m'espante 43
ça se connaît 24
cagne (avoir la) 44-45
calu (caluc, calud, caluque) 41

carabistouilles
(raconter des) 38-39
carafe 100-105
cher 36-37
chotte (se mettre à la) 72-73
chotter 73
clarteux (être) 76-77
crébillonner 122-123
crochon 94-95
cro(t)chon 94-95
crougnon 94-95
croustet 94-95
croûton 94-95
cul (du pain) 94-95
cru (faire) 80-81
cruche 100-105
cuire de l'eau 99
daubé (être) 96
débarouler 82
décoconer 40
décevoir en bien 42
douf (faire) 78
drache 70
embeugner 108-111
embroncher (s') 112-115
empéguer (s') 112-115
empêtrer (s') 112-115
empiager (s') 112-115
empierger (s') 112-115
empiger (s') 112-115
encheper (s') 112-115
encoubler (s') 112-115
engoger (s') 86-87
engouiller (s') 86-87

enjoquer (s') 86-87
énoquer (s') 86-87
entoquer (s') 86-87
entraver (s') 112-115
entrucher (s') 86-87
escaner (s') 86-87
entre midi 14-15
entre les midis 14-15
escagasser 108-111
et vingt 12-13
faire (une année de plus) 22-23
faire un monte et descend 124
fin 36-37
fort 36-37
franc 36-37
gâté (faire un) 53-53
gaugé (être) 75
gavé 36-37
Gesundheit 62-63
gouttiner 68
grave 36-37
hart 36-37
heure (c'est quelle) 10-11
heure de midi 14-15
intensifieur 36-37
jaille (mettre à la) 116
jailloux 116
joue (que l'on tend en premier).... 57
kenavo 61
latche (avoir la) 46
loin (mettre, foutre) 117
marcher nus pieds 125
monstre 36-37
nareux (être) 88-89

œuf (avoir l')..................................31	tantôt (ce, à)...........................20-21
œuf cuit dur..................................98	taille de.................................... 36-37
ouelle (avoir la)........................... 47	tarpin....................................... 36-37
paquet..................................... 36-37	temps de midi........................14-15
passé un temps.......................... 25	tiaffe.. 79
pâté-croûte..................................97	toc de...................................... 36-37
peuf.. 83	trempe (être)...............................74
pichet....................................100-105	très... 36-37
pire... 36-37	trop.. 36-37
pleuvoir (il veut)......................... 67	trou du dimanche................86-87
pas d'heure............................ 16-17	vlà.. 36-37
point d'heure......................... 16-17	vrai.. 36-37
pièce d'heure.......................... 16-17	
poquer...................................108-111	
pot..100-105	
pot-à-eau [potào]...............100-105	
pot d'eau [podo].................100-105	
pote (faire la).............................. 31	
pouf (tirer à)........................ 118-119	
prendre (une année de plus)..22-23	
quart....................................... 12-13	
quatre-heures (faire)................... 92	
quatre-heures (faire les)............ 92	
quignon.................................. 94-95	
rabasse..71	
recevoir (une année de plus)..22-23	
rien... 36-37	
roiller... 69	
ronfle (avoir la)........................... 30	
salute..................................... 62-63	
santé...................................... 62-63	
schness (ferme ta)................. 34-35	
schmutz (faire un)................. 54-55	
suprendre en bien...................... 42	

262340 - (I) - SOP 120° - HOS/NOC - BTT

Dépôt légal : octobre 2019

Imprimé en Espagne par Gráficas Estella S.L.